「女子」という呪い

Amamiya Karin

雨宮処凛

集英社

ブックデザイン
albireo
イラストレーション
ひらやまこう（6才♀）

CONTENTS

2 女子たちのリアルな日常

3 「呪い」と闘う女たち

4 「女子」という呪いを解く方法

＊「すべての生きづらい女子たちへ」および第4章は書き下ろし
＊初出：情報・知識＆オピニオン「イミダス」連載コラム「生きづらい女子たちへ」
ただし、「化粧する女、化粧する男」の初出は、Ｗｅｂサイト「LOVE PIECE CLUB」

すべての生きづらい女子たちへ

この国の女子は呪われている

なんだかもやもやすることに、〈「女子」という呪い〉と名付けてみた。

例えばそれは、以下のようなことだ。


メディアでたまに目にする、「夫の不倫を謝罪する」妻。

「頑張れ」「努力しろ」と言うわりには、「でも、男以上には成功するな」というダブルスタンダードを要求する社会。

夫・彼氏以上に稼いだ時に、なぜかそれを隠してしまう妻・彼女。

「女子力」とか「女性の活躍」という言葉への違和感。

「そんなこと言ってるとモテないぞ」「お前は女の本当の幸せを知らない」などと余計

なことを言ってくるオッサン。

男が子育てすれば「イクメン」と言われ、介護をすれば「ケアメン」と名付けられ持ち上げられるのに、女が仕事して子育てして家事してその上、介護までしても誰も名付けてくれないし褒めてもくれないという現実。

保育園に落ちて仕事を辞める妻。


これらのことについて、性別を入れ替えてみよう。

「妻の不倫を謝罪する夫」というものを私は生まれてこのかた目撃したことはないし、「頑張れ、でも、妻・彼女以上には成功するな」というダブルスタンダードに晒されてきた男性に出会ったこともない。女以上に稼げばそれを隠すなんてもってのほか、成功や収入増は、そのままモテにつながるという単純な公式が成り立つ男の世界に「男子力」という言葉はないし、「男性の活躍」なんてわざわざ言われない。

「お前は男の本当の幸せを知らない」なんて若い男に言うオバサンに会ったこともないし、ちょっと家事や育児をしただけで称賛される男と違って、女は仕事と家事と育児と介護すべてを担っていても「大変だね」と言われるくらいで、どこか「女なんだから当然」という空気が漂っている。また、「保育園に落ちて泣く泣く仕事を辞めた妻」は多くいても、それで仕事を辞めたという夫の存在を私は知らない。

その上、仕事ができる女は時に「女のくせに」「女だてらに」と揶揄《やゆ》され、場合によっては「女を武器にしたのでは」なんて勘繰られもする。「女を使う女」は軽蔑される一方で、女らしい気配りや身ぎれいさは当然のように要求される。

2015年12月、長時間の過重労働を苦に自ら命を絶った電通の高橋まつりさんに「男並み」の働き方を強いたこの国の企業社会は、同時に彼女に「女子力」を求めることに矛盾を感じていない。

「女」というだけで時に人間扱いされないのに、「男並み」の扱いをされ、その上、「ちゃんと女扱いされるようにきれいでいろ」なんて余計なことを言われる。

そうして女子たちは、「傷ついていないふり」をすることさえ求められる。うっかり泣いたりしようものなら、それさえも「女の武器」と言われることを知り尽くしているからだ。

それだけではない。セクハラには「場の空気」を壊さないよう笑顔であしらう技術まで求められ、それが「大人の女のたしなみ」みたいに誤解されている。時に知っていることにも「無知」を装うことを求められ、なぜかいつも男に「上から目線」で「評価」され、点数をつけられたりしている。男は男で自分のことは棚に上げ、「女を評価して当然」と思っている節さえある。こっちはちっとも納得も了承もしていないのに、なぜお前ごときに評価され、点数をつけられなければいけないのか。

このようなことが、私が思う〈「女子」という呪い〉である。

男に有利な価値観

しかし、男にとって都合のいい価値観を内面化し、呪いをバラ撒く女がいることもまた事実だ。

少し前のこと、知人の集まりで偶然居合わせた団塊世代の70代女性が、まさにそうだった。

「女は家事、育児、仕事を完璧にこなし、その上、夫の親の面倒をみて当然」と力説する彼女は、聞けば未婚のシングルマザー。自身の親を早くに亡くしているので介護経験はないものの、家事と仕事を完璧にこなして二人の子どもを育て上げたことを誇らしげに語っていた。それはそれで素晴らしい話だが、その団塊女性が掲げた「自分の息子(未婚)の嫁に求める人物像」がブッ飛んでいた。

朝は夫より早く起きて新鮮なフルーツをミキサーにかけてジュースを作り、料理は一切手を抜かず、掃除、洗濯も完璧にこなした上、夫のファッションにも気を使い、夫の靴は毎日磨き上げ、自らも仕事をした上で美しさをキープし、息子の母である自分とは絶対同居。ゆくゆくは姑である自分の介護を他人の手を一切借りずにこなし、教養があり、センスはよく、酒は一滴も飲まず、もちろん誰よりも優しい心の持ち主で……などなど。

そんなことを滔々《とうとう》と話していたので気を失いそうになったのだが、その果てに続けた台詞《せりふ》がまたすごかった。

それは「男は絶対に浮気する生き物」だから、「息子の浮気は認めること」。さらに「セックスレスは女の責任だからいつもきれいにして素敵な下着をつけるなど工夫を凝らすこと」だったのだ。

彼女は、私と同世代である息子に、日々そのような女性と結婚するようにと吹き込んでいるのだという。が、それはもはや嫁などではなく、どこからどう見たって奴隷である。というか、家事も仕事も育児も夫の親の介護も完璧にこなして浮気も認める女など、そもそも「非実在女性」に他ならない。が、団塊世代の母親にこのような価値観を吹き込まれて育つ男性が同世代にいるという事実に、DVやセクハラ、性差別がなくならない理由の一端がわかった気がした。ちなみにその息子は、誰もが憧れるような一流企業に勤めているのだという。

どうか、この親子の毒牙にかかる女子が未来永劫《えいごう》現れませんように。思い出すたびにそう祈る日々だ。

一方で思うのは、ここまで極端でなくとも、自分の父親や母親、まわりの大人たちやメディアに登場する人たちの言動から、無意識に「女はこれをやって当然／女なんだからこれを我慢して当たり前」という誤ったジェンダー観を刷り込まれている人は私が思うよりもずっと多いのかもしれない、ということだ。

そして大抵の場合、それは男にとってのみ、有利な価値観なのである。

ダメ男製造女

実際、アラフォーの私と同世代でも、そんな価値観を内面化している女子はいる。

最近、テレビを見ていた時にもそんな女子を目撃した。

詳しい内容は覚えていないが、アラフォー元ヤン夫婦に子ども二人、みたいな家庭を追ったドキュメンタリーだった。夫妻ともに若い頃は「ヤンチャ」系だったが今はすっかり落ち着いています、というような内容だったのだが、一家揃っての食事の席で、インタビューに答えて妻は言ったのだった。

「どんなに浮気されても付いてきたんで。いい男だから」

さらりと、でもなんだか誇らしげに言う妻と、それを聞いて満足そうな表情を浮かべる夫。「浮気」の意味がわかっているのかいないのか、黙って食事を続ける小学生くらいの娘と息子。それ、子どもの前で言うことか？　と心の底から驚いた。

妻はおそらく、「男はどうせ浮気する生き物」という言葉で自分を納得させ、さまざまな思いを断ち切ってきたのだろう。そうやって「男に都合のいい価値観」を内面化することで、「こいつ、なかなかわかってる女だな」と男に承認され、居場所を得るというのは、主に昭和を生きる女の一つの生きる作法でもあった。

が、平成も終わろうとしている現在、そんな価値観は有害でしかないと断言したい。先の団塊女性もそうだが、「男は性欲を抑えられず浮気する生き物」という男性観は、多くの男性にとっても失礼である。そのような決めつけに傷つく、という男性は若い世代ほど多くなっているというのが私の印象だ。ちなみに「浮気」と一言で言ってもその幅は広いが（その後、浮気相手と再婚など）、現在では一般に「浮気」もDVの一つにカウントされている。DVが身体的暴力だけではないことは認知されてきたが、浮気も性的・精神的暴力とされているのだ。この妻はよりによって、娘と息子の前で「DVもOK」という時代錯誤な有害価値観をバラ撒いているのである。

「浮気されても女は黙って男に付いていくもの」

そんな価値観が幼い子どもに刷り込まれたら。

息子は数年もすれば悪気なくそうしているかもしれないし、娘は娘でこの先浮気された時、自分の傷ついた心に蓋《ふた》をしてしまうかもしれない。そして自分を防御するために、「女は浮気されても笑って許すもの」なんて有害価値観が世代を超えて再生産されてしまうかもしれない。そんな女がいるとどうなるか。「あいつの彼女は男心がわかるいい女なのに、どうしてお前は浮気くらいでガタガタ言うんだ」なんて男に都合のいい価値観が炸裂し、別の女が大迷惑を被るのだ。

母親という立場に限らず、大人の女が伝えるべきことは、鈍感になって思考停止し、自らの傷に気づかないふりをする作法ではなく、パートナーとなった相手には、嫌なことには嫌と言っていい、傷ついたら傷ついたと言っていい、ということではないのだろうか。というか、そんなことすら言えない相手と一緒にいるなんて、不幸すぎやしないか。男に都合のいい価値観が今日まで蔓延《まんえん》しているのは、この国の女が我慢し、忍耐を重ね、諦めてきた証拠に他ならない。そしてその果てにあったのは、「我慢していればいつかわかってくれる」という希望的観測から100億光年ほど離れた、「我慢すればするほど増長する」という身も蓋もない事実ではなかったか。

だからこそ、あえて言いたい。

男に都合のいい価値観を内面化して「可愛い奴、わかってる奴」と思われることを優先するのは、「ダメ男製造女」でしかないのだと。

女というだけで罰される

さて、ここである事件の主人公について触れたい。

17年4月、出資法違反で国際手配され、タイから日本に強制送還された「つなぎ融資の女王」山辺節子被告を覚えているだろうか。

「少なくとも70人から7億円以上を集めていた」という容疑そのものよりも注目を浴びたのは、彼女の「若作りした見た目」だった。

62歳なのに38歳と偽っている。31歳のタイ人男性に貢いでいる。露出の多い服を着ている。カチューシャをしている。豊胸手術をしているようだ。手足の手入れが行き届いているなどなど、外見ばかりが注目され、「イタい」と嘲笑の対象となった。

確かに彼女のキャラクターには興味をそそるものが多かった。しかし、「若くない女が若く見せようとする」こと自体が罰され、笑われ、「異形」とされて見世物にされるような論調に、なんだかもやもやする自分がいた。

だって、もし山辺被告が62歳の日本人男性だったら？　出資法違反などの容疑は別として、若いタイ人女性と付き合っていようが貢いでいようが「よくある話」としてスルーされただろう。少なくとも、その男性の「外見」がことさらにクローズアップされ、笑いものにされるようなことはなかっただろう。が、62歳の女性が若作りして31歳の男性と付き合うことは、何かこの国の人々、特に男性の逆鱗《げきりん》に触れるようなのである。

女は時に、女であることだけで罰される。まるで女でいようとすることそのものが罪であるかのように。

そんなことから思い出すのは、石原慎太郎・東京都知事（当時）の「ババァ発言」だ。01年、石原氏は「文明がもたらした最も悪しき有害なものは〝ババァ〟」「女性が生殖能力を失っても生きているってのは無駄で罪」などと発言、物議を醸した。

07年には自由民主党の柳澤伯夫《はくお》・厚生労働大臣（当時）が、女性を「産む機械」と発言して非難を浴びた。

14年には、東京都議会本会議で妊娠や出産、不妊に悩む女性への支援を訴えた塩村文夏・都議会議員（当時）が「早く結婚したらいいじゃないか」「産めないのか！」という野次を男性議員らから浴びた。野次を飛ばした鈴木章浩・都議は謝罪の場で「少子化、晩婚化の中で（塩村議員に）早く結婚して頂きたいという思いがあり」、そんな暴言を吐いたと釈明。野次をただ丁寧な言葉にしただけのその言い訳は、「何もわかってない」と世間の失笑を買った。

そうして17年11月、自民党の山東昭子・元参議院副議長が党の役員連絡会で「子どもを４人以上産んだ女性を厚生労働省で表彰することを検討してはどうか」と発言し、大きな批判を浴びた。

これを書いている40代の私はひとり身で、子どもはいない。

そんな私にとって、手を替え品を替え、さまざまな形で立ち表れる「産め」という圧力は、随分と乱暴なものに思える。

プライベートな領域に土足で踏み込まれるような不快さももちろんあるが、子どもを産んで育てられるような環境はこの国にあまりにも乏しく、結局は涙ぐましいほどの「女の忍耐と我慢」によってギリギリ成り立っているように思えるからだ。

仕事と家事と育児の両立に悩むのは、女。

保育園に落ちたら仕事を辞めるのも、女。

運良く保育園に入れても、仕事と家事と育児で過労死寸前のような日々に忙殺されるのは、女。

この国では、男は経済的自立さえしていればそうそう責められることはない。しかし、女はその上で家事や育児まで完璧にこなすことを求められ、「男を立てる」ことまで要求される。仕事を続けたら続けたで「旦那さんの理解があっていいわね」なんて言われ、育児に手がかかったり介護を必要とする家族がいたりすれば仕事を続けていることを責められ、やむを得ず仕事を辞めて育児や介護に専念すれば、誰もねぎらってくれないどころか「気楽な専業主婦」扱いされる。

一方で、結婚しない女、子どもがいない女は、時に無神経な言葉に晒される。

そうして産んだとしても産まなかったとしても、結婚してもしなかったとしても、生殖年齢を過ぎれば「有害なババァ」扱いをしてくるのは、何も石原慎太郎氏だけではない。

「女の敵は女」という言葉もあれば、「女には無数の分断の罠が仕掛けられている」という言説もある。

だけど、だからこそ私たちはその「分断」のトラップを回避し、ゆるくでも、ほんの少しでも「連帯」し、これが〈「女子」という呪い〉だ！　と名付け、声を上げる必要がある時は、上げるべきではないのだろうか。

本書がそんなきっかけになれたら、これほど嬉しいことはない。

1

オッサン社会にもの申す

紫式部の時代にもあった
無知装いプレー問題とは？

「でも、男以上には成功するな」の教え

〈野心はもってもいいけれど、もちすぎてはいけません。成功するのを目指さなければいけないけれど、成功しすぎてはいけません。そうしないと男性に対して脅威になってしまいます。男性との関係であなたのほうが収入が多くなっても、そうでないふりをすること、とくに人前ではそうしなければいけません。そうしないとその男性を去勢《きょせい》してしまいます〉

この言葉は、著者については後述するが『男も女もみんなフェミニストでなきゃ（原題：WE SHOULD ALL BE FEMINISTS）』（２０１７年、河出書房新社　くぼたのぞみ訳）の一節である。世界中の女の子に小さな頃から投げかけられる、いわば「呪いの言葉」の一例とし

て紹介されているものだ。

そんな呪いの言葉に対して、著者は〈その前提そのものを疑ってみてはどうでしょう？〉と私たちに問いかける。

多くの女性は、幼い頃からさまざまな叱咤激励の言葉に晒されて生きてきた。頑張れ。努力しろ。常に上を、成功を目指し、競争では勝ち残れ。

しかし、同時に冒頭のような、「でも、男以上には成功するな」という言葉を耳元で囁かれてもきた。絶え間なく注がれるダブルスタンダードなメッセージ。私自身、生まれてこのかた、この「呪い」から解放されたことは一度もないと言っていい。

例えば、付き合っていた男性より収入が多くなった時の妙な居心地の悪さ。私が男であれば決して居心地の悪さを感じることなどないだろうに、なぜそのことを隠したり、果ては「自分の能力ではなく偶然の産物なのだ」などと先回りして余計な言い訳をしたのだろう？　いや、なぜそうしなくてはいけないと思い込まされていたのだろう？

そんな私のもやもやを言葉にしてくれたのが、前述した『男も女もみんなフェミニストでなきゃ』なのだ。

著者は自身の具体的なエピソードから、私たちに問う。

子どもの頃、テストで最高点を取ったらなれると言われていた学級委員。晴れて最高点を取ったものの、学級委員になれるのは男子だけと知った時の違和感。大人になって駐車係に自らチップを渡しても、なぜかお礼を言われるのは自分ではなく一緒にいる男性という不思議。入店時にウェイターが自分を無視して、男性客にだけ挨拶をするレストラン。そして夫が赤ちゃんのおむつを替えるたびに、「ありがとう」と言う妻の存在。

どれもこれも、既視感を覚えるエピソードではないだろうか。そんなこの本の著者は、ナイジェリア出身の女性作家チママンダ・ンゴズィ・アディーチェさん。１９７７年生まれである。『男も女もみんなフェミニストでなきゃ』は、学術・エンターテインメント・デザインなどさまざまな分野の専門家を招いて講演会を主催しているアメリカの非営利団体ＴＥＤにインスパイアされたイベント「TEDxEuston」（２０１２年開催）という会議で、彼女が行ったスピーチに加筆したものだ。

スピーチの模様はネット動画で瞬く間に拡散され、アメリカでは人気ミュージシャンのビヨンセが、語りの一部を取り入れた曲『***Flawless』を13年に発表。クリスチャン・ディオールは、「WE SHOULD ALL BE FEMINISTS」という文字入りのTシャツを作って17年春夏パリ・コレクションとして発表し、またスウェーデン政府はこのスピーチを冊子にして16歳の子どもたち全員に配布した。

ナイジェリアの女性が、日本に住む私と変わらない違和感を抱えていたこと。そしてそれが世界中の女性たちの共感を呼んだこと。なんだ、このもやもやって、世界共通のものだったんだ。そう思うと、なんだか勇気が湧いてくる。同時に、男社会の磐石《ばんじゃく》さに、改めてため息も込み上げる。『WE SHOULD ALL BE FEMINISTS』は、世界27カ国で翻訳出版されているという。

バカで無知な女を求める男

世界共通の女子の生きづらさ。それと同時に、日本独特の女子の生きづらさも確実に、ある。そんな日本独特の問題に切り込んでいる一冊と出会った。それは『男尊女子』(17年、集英社)。著者は『負け犬の遠吠え』(03年、講談社)などでおなじみのエッセイスト酒井順子さんだ。

他の国々とはひと味違う、この国独特の女子の生きづらさとはどんなものだろう。酒井さんが指摘するのは、「女は三歩下がって」的な昭和の価値観や、日本のAV(アダルトビデオ)と海外のAVの違いなどだ。例えば海外のAVでは、女優は肉食獣的に性を謳《おう》歌《か》するのに対して、日本の場合はあくまで受け身、表情で男の征服欲を刺激するという演出。また、カップルとセックスが切り離せない関係の欧米と、セックスレスが異様に多い日本の夫婦。一方で、女性が性に積極的だったりすると、「痴女」枠にしか存在できないという窮屈さもある。『男尊女子』の帯には、「あなたの中の男尊女子度チェック表」がある。以下のようなものだ。

運動部系のマネージャーをしていたことが　ある／ない
自ら進んで男性社員にお茶汲みをしたことが　ある／ない
九州出身の男性と付き合っていたことが　ある／ない
夫のことを「主人」と言ってしまうことが　ある／ない
「〝うちの嫁〟と言われてみたい」と思ったことが　ある／ない
男性目線でファッションを選んだことが　ある／ない
バカなふり、無知・無教養を装ったことが　ある／ない
「好きな人の苗字になりたい」と思ったことが　ある／ない

どうだろう。「一つも『ある』が無い」なんて人は、おそらくいないはずだ。今となってはやらないことばかりだが、私自身も若かりし頃は、かなりの確率でこれらのことをやっていた。それだけではない。セクハラをされたら、怒るのではなく笑ってかわさなければいけないと思い込んでいたし、オッサンが「田嶋陽子の悪口」を言おうものなら、賛同しなければならないのだと思っていた。特に酒井さんが指摘するような「バカなふり、無知・無教養」を装うことは、多くの女性に経験があるのではないだろうか。

この本でも酒井さん自身が、無知を装う女子が男子に「バッカだなぁ」などと言われて頭をくしゃくしゃ撫でられたりしているのを見て、イライラを募らせていた日々が描

かれる。しかし、〈羨ましさのあまり、自分もこっそりと男子の前でものを知らないふりをしてみると、これが意外とよく効くではありませんか〉。この快感を、彼女は〈生理に響く快感〉と書いている。そうして〈女の世界には二つの軸がある〉ことを知るのだ。それは〈お勉強ができることによって評価が上昇する軸〉と、〈お勉強ができることによって評価が下落することもある軸〉。「勉強」を「仕事」に置き換えてもいいだろう。まさに女子を悩ませるダブルスタンダードである。

それにしても、どうしてあんなに「バカで無知なふり」をしていたのだろう、とふと思って、気づいた。それは明らかに社会が「求めている」ものだったのだと。

例えば私の場合、20代前半の仕事がスナックやキャバクラ勤務だったので、「バカで無知キャラ」は必要不可欠なものだった。オジサン客に対して、知っていることを「知らなーい！」と叫び、そこに「すごーい！」と付け加えれば、指名が取れたりボトルを入れてもらえたりする。しかし冷静に「知ってます」と言うと、オジサンは大抵不機嫌になるのだった。

この人たちはどうして金を払ってまで、「若い女」に何かを教えたくてたまらないのだろう？　なぜ、無知であることが、「可愛いな、こいつ」というようなことになるのだろう？

これまでの教育課程で獲得し、努力して詰め込んできたことはなんだったのだろう？

1000年前から変わらぬ悩み

すべての努力が無に帰すような感覚に徒労感を覚えつつも、私は一生懸命、無知のふりをした。だって知らないふりをしないと、「生意気」なんて言われるからだ。そしてそれはオジサンだけでなく、若い男性にも及んでいた。オジサンの真似をしているのか、それとも「無知ではない」女性と渡り合えるほど自分に自信が無いのか、「無知」＝「可愛い」とする価値観は幅を利かせていた。だから仕事以外でも、無知キャラは必要だった。なんだか納得しなかったけど、そういうことなのだと思い込もうとした20代。このあたりで、私はジェンダー非対称性などについて、考えることを放棄した。あえて、思考停止した。それが唯一の防衛策だったから。

そうして40代になって「若い女」扱いされなくなった今、長らく封印していたジェンダーへの疑問は爆発し、こうして書いているという次第だ。

さて、そんな無知装いプレー問題だが、『男尊女子』で面白い記述を見つけた。それは、平安時代の女性歌人・紫式部もモテるため、生きるために無知を装っていたという事実だ。教養豊かで、漢文の知識が豊富だったという紫式部。しかし、男だって学問をひけらかすような人は、大抵出世しないものだという話を聞き、漢字とか書けないんです私、というふりをするようになったのだという。一方、紫式部と同じ時代の女性歌人で、やはり漢文知識が豊富だった清少納言は、「私、こーんなに知ってるの」と知識をひけらかすタイプ。それがまた一部の男性にウケたことから、紫式部は〈したり顔に賢こぶって漢字を書き散らしてるけど、よく見れば全然なっていない。ああいう人は絶対、将来ロクなことにならない〉などと、さんざん悪口を書いていたのだという。『紫式部日記』の中で。

なんかすごいわかる。わかるよ紫式部！

紫式部と清少納言が生きていたのは、平安時代。今から約1000年前の話である。1000年前も、女子たちは「無知装いプレー問題」をめぐって火花を散らしていたのかと思うと、なんだか彼女たちを一気に身近に感じてしまう。一方で、1000年経っても同じことで女子が悩んでいることを思うと、人類の進化の無さに愕然《がくぜん》ともする。

さて、ナイジェリア出身の女性の言葉から始まった女子の生きづらさについての問題は、平安時代にまで遡《さかのぼ》り、結局、時空を超えて女たちは似たようなことにイラつき、悩んできたし、今もそれは続いているということがわかった。

これから「無知を装う女」にイラッとしたら、「この憤りは紫式部の時代にもあったのだ」と思うとなんだか優雅な気持ちになれそうだ。そういう作法で、日々、生きづらい世を生き抜いている。

「男らしさ」という勘違い

勝手に女を評価したがる男

２０１７年１月、アメリカ合衆国にドナルド・トランプ第45代大統領が誕生した。移民やイスラム教徒やマイノリティー、そして女性に対して耳を塞ぎたくなるような差別発言を繰り返してきた人物が、絶大な権力を手にするのである。なぜか彼が口にすると「過激発言」で済まされてしまう差別的言説は、大統領選挙戦中だけでも嫌というほど世界に撒き散らされた。そのことによって、「差別」や「排除」へのハードルは、おそらくとてつもなく低くなってしまった。

一方、トランプ氏ほど露骨でなくとも、日本にも女性へのハラスメントは溢れている。本書の冒頭でも触れた電通社員・高橋まつりさんのツイッターには、男性上司から「女子力がない」と言われる、といった書き込みがあった。女子力――この言葉について考えていたところ、非常に腑に落ちる記事（16年11月13日付朝日新聞「21時58分のあなたへ」高橋純子記者）と出会った。

〈女子力。女性が自分で使っている分には、ある種の諧謔《かいぎゃく》を含んで自身を鼓舞する言葉となるが、男性に使われると物差しとなり、上司に使われると途方もない抑圧となる〉

そうして続く文章は、女子力という言葉に代表されるような「女子の生きづらさ」を的確に言い当てる。

〈エントリーしていない試合のリングにいつの間にか上げられ、勝手に期待されたり批判されたりする〉

そうなのだ。なぜか女子はいつも、男性に「上から目線」で「評価」され、点数をつけられ、場合によっては序列までつけられる。それ自体の暴力性に、多くの男性は驚くほど鈍感だ。

例えば私の知人の中にも、「エントリーしていない女子を勝手にリングに上げる」男性はいる。一緒に歩いていたり、飲食店だったり、とにかくいつでもどこでも視界に入る女子（若い女性のみ）にいちいち点数をつけるのだ。「今の子可愛い」とかならまだいい。「なんなんだよあの髪型」「靴くらいちゃんとしたの履けよ」「あの服、ないわ～」などなど、小姑のような「ダメ出し」を、すれ違っただけの赤の他人にやってのけるのである。

お前は何様？　っていうか、お前こそ、その服どうなの？　そのセンス大丈夫なの？　自分が「ないわ〜、０点！」って言われたらどんな気持ちになるの？　そう問いつめたいが、そんなことを言うとその手の男は「男の言うことにいちいち目くじらを立て、受け流せないなんて女子力が低すぎる」とか言うに決まってるので黙っている。そうして彼は、おそらく未来永劫、学習の機会を失っていくのである。

ある時、数人で一緒に歩いていた彼が「うわっ！」と叫んだ。「なに？」と聞くと、彼は反対側の歩道を歩く一人の女子を指して、言った。

「今の子、すごい可愛いと思ったのに痰《たん》吐いた！」

その痰、こいつに当たればよかったのに。私はとても冷静に思った。

多くの女子を黙らせる一言

そんなことを書きながらも、私自身のまわりにいる男性を見渡すと、世代を問わずジェンダー意識の高い人が多い。それは私が貧困問題などに関わっているからで、さまざまな社会問題、人権問題に関わる男性がまわりに多いからだ。当然、そういった活動をしている人の意識は一般男性より遥かに高く、嫌な思いをすることはほとんどと言っていいほどない。しかし、そんなコミュニティーを一歩出ると、世の中はこれほどまでに「変わっていないのか」と愕然とすることが多々ある。

例えば、最近、はらわたが煮えくり返りそうになったことがある。それは友人たちとの集まりでのこと。そこに何度か同席したことのある男性（私と同世代）がいたのだが、彼は「悪い男キャラ」が売りなのか、突然よくわからない「自慢」を始めたのだった。その内容はと言えば、自分は飽きやすいので、同じものを毎日食べたくない。それと同じで、同じ女性と続けて性行為をするのは嫌である。毎日ハンバーグだと飽きるから今日はカレー、明日はお寿司、といった具合に違う女性と致したいのだ、という「昭和の成金オッサン」みたいなことをおぬかしになったのだった。

それだけだったら、馬鹿だなー、時代遅れだなーで済ませたかもしれない。しかし、続いて彼が得意げに話したことに、私は目の前が真っ赤になるほどの怒りを覚えた。それは、数カ月前に私も一度だけ会ったことがある彼の元カノの話。聞きたくもないのに延々と暴力的な性行為の話を続けたかと思うと、その男はトンデモないことを口にした。相手の許可を得ず、避妊を一切していなかったというのだ。

ある日、生理が遅れていると彼女に告げられたその男は、「ふーん、産めば？」ともののすごく適当な感じで答え、それからも避妊をせず、不安でどうしようもなくなった彼女が「子どもができたら結婚してくれるんだよね？」と聞けば、ずーっと「さあね～」

「どうしよっかな〜」とはぐらかし続けていたのだという。そこには、小さな子どもが小動物をいたぶって遊ぶような残虐性がにじんでいた。ただただ、反応を見て面白がっているのだ。その間、彼女がどれほどの不安と恐怖の中で過ごしたかなどには、まったく想像が及んでいないようだった。

結局、精神的にも肉体的にもいたぶり続けた彼女とは、「連絡が取れなくなった」ということで話は終わった。

「妊娠してなかったみたいでよかった」

男は他人事のようにそう話していたが、彼女は十分に妊娠していた可能性がある。まったく頼りにならないどころか、自分の人生を弄《もてあそ》ぶだけの男を見限り、連絡を断って一人で中絶したかもしれないのだ。

それがどれほどのことか、彼は果たしてわかっているのだろうか？　どれほどの罪なのか、自覚しているのだろうか？　残念ながら、答えはノーだろう。話の端々から、ただ単に「俺は駆け引きを楽しんでただけ」といったニュアンスが読み取れた。が、相手にすればたまったものではない。しかも彼女はまだ10代だったのだ。ちなみに、相手の許可なく避妊をしないことは、悪質なＤＶである。彼は自分で「僕はＤＶ男です！ＤＶ大好き！」と公言しているに等しいのだ。

虐待的な関係性しか作れず、あろうことかそれを自慢する男。女を見れば点数をつけないと気が済まない男。このような男性に「あなたのしていること／あなたの考えはおかしい」と言うと、必ず返ってくる言葉がある。

「カタいこと言うなよ」

そう言われると、多くの女子は黙ってしまうのではないだろうか。私が「カタい」から、いちいち細かいことが気になってしまうのではないか。こんなことくらい、笑ってうまくかわせないといけないのではないか。

しかし、今、私は断言したい。

「カタいこと言うなよ」という言葉が発せられる場には、１００%の確率でハラスメントや暴力が存在することを。

「カタいこと言うなよ」と彼らが言うのは、それが「悪いこと」だとわかっているからだ。だけど、それくらいの「罪」なんか認めろ、許せよ、だって女だろ？　俺様は男なんだぞ、と言っているのである。甘え腐った生き物もいたものである。

さて、ここまで例にあげた二人は、どちらも40代前半だ。私と同世代である。で、１９７５年生まれの私は、同世代の男性の「二極化」を、嫌というほど目の当たりにしている。そのまんま「昭和のオッサン」まっしぐらに突き進んでいる男性と、イクメンに象徴されるような男性に、真っ二つに分かれているのだ。おそらく、団塊ジュニア最後のこの世代が分水嶺《ぶんすいれい》なのではないだろうか。

40男の昭和／平成的男らしさ

そんなことを考えていたところ、非常に興味深い本を読んだ。それは、私と同じ75年生まれの田中俊之氏が書いた『〈40男〉はなぜ嫌われるか』（2015年、イースト新書）。この本のカバー袖には、以下のような文章がある。

〈二〇一五年時点で三〇代後半から四〇代前半の男性を、本書では「40男」と呼ぶ。この世代は、「昭和的男らしさ」と「平成的男らしさ」の狭間を生きている。「働いてさえいればいい」と開き直ることも難しいし、若い世代のようにさらりと家事・育児もこなせない、自分の両面性に葛藤し続けてきた男たちである。問題は、若い女性への強い興味に象徴される、そのリアリティと現実のギャップにある。40男の勘違いは、他人に迷惑をかけるだけではない。そのギャップは、僕ら自身の「生きづらさ」に直結しているのだ〉

この本の「ほとんどの男性は何も成し遂げられない」という、身も蓋もない見出しから始まる序章の一節で、「男らしさ」についてとても納得する一文を見つけた。引用しよう。

〈ところで、男性が自分の「男らしさ」を証明する方法には、達成と逸脱の二種類がある。／この議論は若い世代で考えてみると分かりやすい。例えば、高校生の男子であれば、野球やサッカーで活躍したり、有名大学に合格したりといったことを達成すれば、『男らしさ』を証明できる。ただし、スポーツにしても、勉強にしても競争を勝ち抜かなければならないから、何かを達成できる男子の数はかぎられる。／達成できなかった男子に残された手段が逸脱である。ルールを破ることで『男らしさ』を証明する。一昔前なら、ヤンキーがその典型だと考えられる〉

この文章を読んで、思った。先に書いた二人の男性の嫌なエピソードって、彼らの「逸脱」だったのでは？　女にひどいことをできる俺、女に点数つける俺、という「逸脱」でショボい「男らしさ」をアピールしていたのでは？　が、『〈40男〉はなぜ嫌われるか』は、中年の逸脱に対して手厳しい。

〈40男の逸脱自慢は恥ずかしいだけなので、なるべく早く止めた方がいい〉

そして著者は読者に、気持ち悪がられるオジサンにならないよう、呼びかける。

〈女性からは求められず、同性から見てもおぞましい、しかし、本人は自信満々の悲しいモンスター。もはや彼らに通じる言葉はないのだろう。そうであるならば、僕らの世代で終わりにしよう。これ以上、怪物を増やしてはいけない〉

この本によると、家庭科が男女共修になったのが中学校は１９９３年、高校は94年。私の世代はギリギリ男女別だった。女子が家庭科で料理や裁縫などをしている時に、男子は技術科の授業を受け、何か作ったりしていた。

しかし、もう時代は違うのだ。私たちより下の世代の男性の意識はどんどん変わっている。6歳下の私の弟などはびっくりするほどのイクメンで、大変そうだけど子育てを楽しんでいることが伝わってくる。弟夫婦に子どもが生まれるまで、地元に帰れば弟と深夜まで飲むことが楽しみだった。が、今は完全に子ども優先。18時には子どもをお風呂に入れるために帰宅する。そういうパパになってくれたことに、安心する。弟がもし、「今日は姉ちゃんと飲むから全部やっといて」と妻にすべてを押し付けたら、私は怒るだろう。その姿を見ていると、すべての男性がこうだったらいいのにな、といつも思う。いやそれよりも、子育てってこんなに楽しいことなんだな、と弟夫婦を見ていると思うのだ。

だからこそ、同世代とそれより上の世代の男性たちの意識改革を望みたい。そしてそれは、労働現場でこそ必要だ。現在の管理職であり、「子育ては女がやるもの」という思い込みが根強い50代、60代の意識が変われば、男性も育休が取りやすくなる。男性上司の意識が変わることで、女性たちが生きやすくなる。「オジサンたちの意識改革」こそが、この国のために今、もっとも必要なことだと思うのだ。

が、若干不安なのは「トランプ大統領」の誕生と、それによって作られる女性蔑視の微妙な空気が、そんな流れに冷や水を浴びせることにならないかということだ。

大統領選が終わって数日後、トランプ氏は政権の要職に起用する人物を発表した。そのうちの一人、スティーブン・バノン氏（首席戦略官となるも、17年8月に更迭され、政権を去る）は、最右派系ニュースサイト「ブライトバート・ニュース」の元会長。同サイトには、「避妊は女の魅力を欠けさせ、正気を失わせる」などという、「お前こそ正気か？」と言いたくなるような女性蔑視の記事が掲載され、物議を醸したことがあるという。

……不安だ。なんかトランプ氏って、あのギラギラした感じとか、妻とか家族のヴィジュアルイメージとか、トランプタワーのセンスとか、すべてが80年代っぽいし。

時代が逆戻りしないことを、心から祈っている。

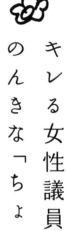

キレる女性議員、のんきな「ちょいワルジジ」

男社会の中で「壊れる」女

「このハゲーーーーーーー!!」
「ちーがーうーだーろー!!」
「これ以上私の評判を下げるな!」

2017年6月、自由民主党の豊田真由子・衆議院議員（当時）の「絶叫暴言・暴行」が、世間を騒がせた。連日、メディアから流れてくる叫び声。報道を受けて、告発した元秘書とは別の秘書まで「自分も同じことをされた」と証言したり、豊田議員を乗せたタクシー運転手が、態度のひどさを証言したりと、被害を訴える人は続々と増えた。

悪質だと思う。ひどいと思う。特に小心者の私は、ああいった声を聞いただけで心臓がドキドキして、耳を塞いでうずくまりたくなる。秘書の中には、暴言や暴行を見聞きしていたことで、体調を崩して入院した人もいるという。暴力は、実際に被害に遭っていない人の心も深く傷つける。

「最悪の形」で全国の注目の的となった豊田議員だが、そんな彼女と私は一度だけ会ったことがある。インターネットテレビの「田原総一朗&堀江貴文の『スマホで〝朝生〟』」（17年3月21日、AbemaTV）という討論番組で一緒になったのだ。人工知能などがテーマだったのだが、その日の討論は非常に抽象的で、番組終了後、エレベーターで乗り合わせた豊田議員から「もっとちゃんと雇用の話とかしたかったですよねー」と声をかけられた。その点はまったく同感だったので「そうですよねぇ」と頷いた私は、「今まで討論番組で会った自民党議員って、感じ悪い人ばっかりだったけど、初めて感じのいい自民党の人に会ったなー」という印象を持ったのだった。

そんな豊田議員の、人が変わったかのような暴言。その「二面性」に驚きつつも、報道があった直後、自民党の河村建夫・元官房長官の放ったコメントに、「さもありなん」という思いが込み上げてきたのだった。それは「たまたま彼女が女性だったからこうしたことになっているが、あんな男の代議士はいっぱいいる」という内容のコメント。

そうなのだ。あまりにも残念なことだが、永田町にはあのような暴言を吐く男性政治家が多く生息している。彼女はそれを見てきたのだろう。あの暴言や暴行は、政治という「男の世界」への最悪の形での「過剰適応」にも思えてくるのだ。

そんなことを考えていたところ、虐待などの問題に詳しい女性と話す機会があり、豊田議員の話題になった。その人もやはり、「あの暴言は迫力や言い方も含め、彼女が言われてきたそのままのものではないか、そしてそれをコピーしただけではないか」と指摘したのだった。

政治の世界に限らず、女性がなんらかの世界で「のし上がる」には、多くのものを捨てなければならない、と多くの女性が思い込まされている。あそこまでじゃなくても、彼女のような暴言を吐いたり高圧的な態度を見せたりする「成功した女性」「出世した女性」は、何人か見たことがある。一般企業で、女性初の役員クラス、みたいな立場の女性たちだ。男社会でのし上がっていくには、男以上に男勝りで「女を捨てないと」やっていけないと思わされているこの国の女性たち。女だからってバカにされないように、先回りして攻撃的にならなくては「舐められる」と学習してしまった豊田議員。そんな彼女は、私とほぼ同い年だ。

この世代は、「男女平等」と教えられて育ってきた。社会にはまだまださまざまなジェンダーの壁があるにもかかわらず、そういうことだという建前は学んできた。教えられてきたことと現実のあまりのギャップに、多くの女性が傷つき、怒り、だけど多くのことを諦めてきた。そんな中、東京大学卒で厚生省（現在の厚生労働省）にキャリア官僚として入り、その後ハーバード大学に留学して国会議員となった「エリート中のエリート」である彼女にも、突破できない「ガラスの天井」があったのだろうと思う。自然体で今の立場に就いていれば、あんな暴言など必要ない。だけど、適応するどこかの過程で「壊れた」のだろう。

だからといって、彼女のしたことは許されることではない。が、多くの「名誉男性」的な立場の女性は、あのような壊れ方をしなければ生き残れなかったということを思うと、この国の女性が「普通」に「自分らしさ」を失わずに生きる難しさに言葉を失う。政治家にしても、女性管理職にしても、「自然体で生き生きと働く女性」のモデルは、この国にはあまりにも少ない。メディアに登場する少なくない「女性の成功者」たちには、豊田議員のような暴言を吐いていても不思議ではない、と思わせるような何かがある。対談などで多くの女性文化人と会うが、秘書やマネージャーといった立場の人に、端《はた》から見ると驚くほど厳しい対応をする人もたまにいて、小心者の私は自分が怒られているような気分になってつらくなる。

若い女を連れ回す俺様萌え

さて、そんなふうに「立場ある女性」「成功したと思われている女性」があまり「幸せに見えない」この国だが（もちろん、素敵な人もいる）、その一方で立場やお金がある成功した男性たちは、屈託なく、「わが世の春」を謳歌しているように見えて仕方ない。そんなことを思ったのは、17年６月に創刊されたシニア男性向け情報誌『ＧＧ《ジジ》』（ＧＧメディア）という雑誌を読んだからだ。

創刊前から、いろいろと話題になっていた。なんといってもこれを仕掛けたのは「ちょい不良《ワル》おやじ」の名付け親で、男性向けファッション誌『ＬＥＯＮ』（主婦と生活社）を創刊した１９５１年生まれの岸田一郎氏。ＧＧはシルバー世代のなかでもひときわ輝くゴールドな世代という「ゴールデン・ジェネレーションズ」の略。この言葉と「爺《ジジイ》」を掛け合わせて『ＧＧ』。「定年後は自由に生きたい」「まだまだモテたい」という50～60代を読者対象にしているという。

創刊直前、この雑誌についての岸田氏へのインタビューが『週刊ポスト』（17年６月16日号、小学館）に掲載されたのだが、ネット上で大きな批判が湧き起こったことをご存じだろうか。インタビューのタイトルは〈「ちょいワルジジ」になるには美術館へ行き、牛肉の部位知れ〉。岸田氏は〈美術館には〝おじさん〟好きな知的女子や不思議ちゃん系女子が訪れていることが多い〉ので、そういう女子にうんちくを披露して、「ランチでもどう？」と誘うノウハウを披露。また、牛肉の部位を覚えておくことの重要さも強調。「ミスジってどこ？」と聞かれたら〈「キミだったらこの辺かな」と肩の後ろあたりをツンツン。「イチボは？」と聞かれたらしめたもの。お尻をツンツンできますから（笑い）〉と語っている。

　このインタビュー記事には、当然、女子たちから悲鳴のような「キモイを通り越して犯罪！」「絶対通報する！」などの言葉が連発されたことは言うまでもない。が、怖いもの見たさで発売日に思わず購入。「金は遺すな、自分で使え！」というキャッチコピーが金文字で大書された『GG』の表紙をめくったところ、血圧が急激に上昇し、動悸《どうき》、息切れ、めまいという症状に襲われたのだった。

　いや、いろいろすごかった。……っていうか、ここまであっけらかんと「モテたい」とか言えるジジ（『GG』ではジジイではなくジジと言う）って生きてて楽だよな、とちょっと羨ましくなったほどだ。感想を一言で言うと、とにかくジジに都合のいいことばかり書いてある。高級スポーツカーのランボルギーニを紹介する記事では、なんか小説っぽい文章が載っていて、その内容は以下のようなもの。

　ドライブ中、高速道路のパーキングエリアにランボルギーニを停めると、なぜか25、26歳の若い女が「お願い、乗せてください！」と車に乗り込んでくる。話を聞くと彼と別れたばかりで、そこから始まる若い女とのドライブ。その最中、〈レインボーブリッジ、今は君のもの〉とか言って悦に入るジジ。

　また「死ぬまで恋するレストラン」という記事では、神田の激セマ焼肉店が紹介されている。店が狭く、肉を焼く七輪を共有するため「出会いが生まれる」とのことで、そんな焼肉屋で出会った女子二人を近くのラーメン屋に連れていくという展開なのだが、中年男一人に女子二人という組み合わせを〈〝艶ジジ〟界では『3P飲み』と呼んでいます（笑）〉という説明までご丁寧に入る。

全ページに共通しているのは、恋がしたい、モテたいと言いながらも、彼らの視線は決して女子本人には向けられず、「若い女を連れ回してる俺様、カッコいい！」という「自分萌え」のみであるということだ。

年齢に関係なく、こういう人といると、一人でいるよりよっぽど寂しかったり傷ついたりする。こちらの人格なんかなんの関係もなく、ただ「年下の女」「若い女」という属性だけで連れ回し、自己満足の道具にしているからだ。だけど『GG』を読む世代って、まさにその程度の女性観の人が少なくない気がして怖くなる。頼むから、GG世代は下の世代に「男とは」「女とは」なんて時代錯誤な説教をしないでほしいと祈るばかりだ。

そんな『GG』は富裕層向けとかで「トチカツ」（土地活用）についての記事があったり、紹介されているパジャマが平気で8万円以上したり、何億円もする分譲型の豪華客船の船室が「終《つい》の住処《すみか》」として紹介されていたりと、だんだん気が遠くなってくる。が、GG世代にはやはり「ED」という悩みもあり、名刺入れの中に潜ませることができるシート状のバイアグラなんかも紹介されていて、少しだけ気持ちがなごんだ。ちなみに誌面では、ところどころ「ぼけ」にまつわるネタが笑いとともに出てくるのだが、表紙のジジモデルが持っている英語タイトルの本が逆さまなのは、来たるべきジジたちの将来を暗示しているのかもしれない。

いつしか誰もが「貧乏ばぁさん」

いろいろ書いてきたが、『GG』を読んで改めて思ったのは「この雑誌の女性版って絶対出ないよな」ということだ。「50～60代の富裕層の女性」が、金にモノを言わせて若い男をひっかけるノウハウが満載の雑誌が創刊、なんてことになったら、どれほどのバッシングが巻き起こるだろうか。ヨン様ブームへのバッシングどころではないことは予想できる。っていうかそもそも、好きにお金を使える富裕層の女性なんて、ほとんどと言っていいほど存在しない。マーケットがないのだからそんな雑誌、作りようもないだろう。

そんな『GG』について悶々《もんもん》としていた頃、「BB」という言葉を知った。村田くみさんの『おひとりさま介護』（10年、河出書房新社）という本でだ。どういう意味かわかるだろうか？　正解は、「貧乏ばあさん」の略称。

同書によると〈2050年前後には、女性の65歳は4人に1人、このうち半数は被用者年金も不十分で年間所得が約124万円に満たない貧困層になることが予想される〉という。65歳以上の単身女性に限って言えば、07年の時点で52・3％が貧困層。一方、単身高齢男性は38・3％と、まだ女性よりは低い貧困率だ。一人暮らしの高齢女性は、約4割が10万円未満の月収入しかない、という貧困状態なのだ。私たちが高齢者になる頃には、この貧困率はもっと上がっているだろう。未婚化、雇用の非正規化、低年金・無年金といった三重苦がのしかかるのだから。しかも、私もそうだが、頼りにできる子などいない。

それにしても、なんだか女って損かも、とつくづく思う。頑張って頑張ってのし上がって男社会に適応したら、気がつけば「パワハラモンスター」なんて呼ばれているかもしれない。かといって普通に生きていても、65歳以上になれば自動的に多くの女性が貧困に突入してしまう。その一方で、富裕層のジジたちはシート状のバイアグラを名刺入れに潜ませて、「若い女」という記号に群がる。どんなに金持ちだって、「若くない女」には、おそらくホッピー一杯奢ってくれやしないだろう。

『GG』を読んで、すっかりやさぐれた気持ちになった私。しかも雑誌で980円って、高すぎるだろ。もちろん、ガチでこれを読む層には、1円くらいの感覚なんだろうけどさ。なんだかいろいろ納得いかないのである。

「男」と「女」を入れ替えてみる

行きずりのネパール人と妊娠検査

２０１５年の年末、なんだかよくわからない「人助け」をした。

それは横浜のＪＲ根岸線石川町駅のトイレでの出来事。この日は寿町での炊き出し（ホームレス状態にある人や、生活に困窮している人に雑炊などの食事をふるまうこと）を少しだけ手伝いに行き、その帰りのことだった。

吹きっさらしの野外で洗い物などをしていたので、身体は冷えきっていた。同時に、私の膀胱《ぼうこう》も限界を迎えていた。そうして入った個室で滞りなく事を終え、洗面台に向かうと、外国人女性二人が何やらけたたましくしゃべっている。パッと見た限りではアジア系。フィリピンではない。水商売っ気は皆無。二人とも小太り体形で、年の頃はというと、30代後半から40代前半って感じだ。一人はお茶のペットボトルを手にし、もう一人は細長い化粧品のようなものを振り回している。内容はまったくわからないが、すさまじいテンションでしゃべり続ける二人が洗面台を占拠しているので「すいませーん」と手を洗おうと割り込むと、突然二人は私を捕まえ、言った。

「コレ、ワカンナイ！」

その言葉とともに目の前に差し出されたのは、妊娠検査薬だった。二人は検査薬の箱と妊娠検査のためのスティックをかわるがわる私に差し出し、「ワカンナイ！」「ネパールトチガウ！」と鬼気迫った形相で訴えてくる。迫力に圧倒されつつ箱を見ると、確かに説明書は日本語のみで、検査用のスティック本体にも「判定」「終了」という漢字が書かれているだけで英文はない。

「ワカンナイ！」「ワカンナイ！」

二人はあまり日本語ができないようで、ひたすらそう繰り返す。なんだか大変な場面に遭遇してしまった……。そう思いつつ、ネパール語はもちろんのこと英語もほとんどできない私は、必死で英単語をつないで彼女たちに検査薬の使用方法を伝えようとした。

「えーっと、ディスイズ、フィニッシュマーク……」

「終了」と書かれたマークを指しながら言い、「判定」のマークには「ベイビー！」「ベイビー！」と繰り返す……。悲しいくらいのわが英語力。ちなみに妊娠検査薬はオシッコをかけると妊娠しているかどうかが判定されるのだが、その検査薬の場合、3分待って判定マークのところに赤いラインが出たら「妊娠」、出なかったら「妊娠していない」というものだ。

「オシッコ、ドコ?」

尿をどこにかければいいのかという質問に、スティックの先端のガーゼっぽくなっている部分を指さした。お茶のペットボトルを持った、若干派手なほうが「ココネ?」と聞き返す。これから個室に行って検査するのだろう、と思い、「イエス」と頷くと、彼女は持っていたお茶のペットボトルから、中の液体を勢いよくスティックの先端にかけた。

「え!?」

まさかペットボトルの中身がオシッコだと思わなかったので、無防備に「ここ」と指さしたままの私の手にも生温かい液体がかかる。しかし、本人はそれどころではないので、まったく気づいていない。私自身も、なんだかこの人の人生の重要な曲がり角に立ち会っているという、よくわからない使命感から「そんなことはどうでもいいのだ」と自分に言い聞かせる。

それから、長い長い3分間が始まった。私の人生で、これほどまでに緊張した瞬間があっただろうか、というほどに。しかもそれをもたらしているのは、わずか数分前に会ったばかりのネパール人なのである。洗面台の前、三人で息を詰めて「判定」と書かれたマークを見つめる。ごくん、とつばを飲み込む「妊娠」疑惑の本人。その隣で、神に祈りを捧げるように目をつむり「オォ……」などとつぶやく友人。彼女の手は、常に隣の、妊娠しているかもしれない友人の背中をさすっている。

果たしてこの人、妊娠していたほうがいいのだろうか、していないほうがいいのだろうか……。そう思うと、これから否応なく白日のもとに晒される事実に対し、どんなリアクションをすべきか、という新たな悩みも発生する。とにかく、いろんな思いがごちゃまぜになって、脇の下にじっとりと汗がにじんでくる。

そうして3分後、判定マークに、妊娠を告げる赤いラインは浮かばなかった。

それが喜ばしいことか悲しいことかわからないので、淡々と「ノーベイビー」と伝えると、二人は両目を飛び出すほどむき出し、それから満面の笑顔になって「ノーベイビー?」と繰り返した。

「ノーベイビー」

もう一度言うと、二人は私の手を握り、そして歓喜に飛び上がり、何度も何度も私を抱きしめるのだった。あの日あの瞬間、石川町駅のトイレは、紛れもなく「世界でもっとも幸福度の高い場所」だった。私もなんだか嬉しくなってきて、私たちは長年の友のように何度も抱き合い、「サンキュー」を繰り返し、「ノーベイビー」の喜びを分かちあったのだった。

72人の処女が待っている？

彼女たちと別れてから、思った。遥か遠いネパールからやってきて、言葉もほとんどわからない異国の地で妊娠したかもしれないと思った彼女は、どれほど心細かっただろう、と。そして次に思ったのは、彼女を妊娠させたかもしれない男性は、そんな心細さに気づいていただろうかということだった。そう思うと、見たこともない男性に、なんだか腹が立ってきた。何も知らずにいる場合はもちろんだが、知っていたとしても、それがどれほどの心細さと恐怖であるか、おそらく男性にはわからない。無性に「ずるいな」という気持ちが込み上げてきた。私は時々、男性全般に対して「ずるい」と感じてしまう。妊娠する可能性がある性とない性という問題に限らず、男女の間には、いつもいかんともし難い「非対称性」が横たわっていて、女子ばかりが損することが多い気がするのだ。

私はジェンダー問題に全然詳しくない。だけど、このあたりに「女子の生きづらさ」のヒントがある気がして、勉強したいと思っている。そうして最近やっているのは「なんか違和感を持ったら、性別を入れ替えてみる」ということだ。

例えば安倍晋三政権が掲げる「女性の活躍」。この言葉に、私はなんとなくだけど違和感を覚える。だって、「男性の活躍」とか「男性が輝く社会」なんて決して言わないじゃん？　そう思って、違和感の正体が少しだけ、わかった気がした。わざわざ「女性の活躍」と言う必要がある社会。先回りした言い訳みたいな言葉。

性別入れ替えをしてみるのは、この国の政策とか、そんな問題だけではない。

例えば最近、過激派組織「イスラム国」（ＩＳ）の動画を見ていて、「ヒェー」とどん引きすることがあった。ＩＳの兵士は、ジハードで死んだ場合、天国に行けるのだという。しかもその天国には、72人の処女が待っているというのだ。が、女性兵士に殺された場合は、決して天国に行くことはできない。よって彼らは何よりも、「女性兵士に殺されること」を恐れているということだった。

72人の処女……。ＩＳの兵士にとっては、命を投げ出していいほどの「褒美」なのだろう。が、性別を入れ替えてみたら？　女性が死んだとして、そこに「72人の童貞」が待っていたらどうだろうか？　私は絶対勘弁だ。なんだか猛烈に「部室」っぽい臭いがしそうではないか。それは天国などではなく、かなり地獄に近い場所ではないか。

このように、性別を入れ替えるだけで、天国と地獄の様相も変わってくるという奥深きジェンダー問題。

ちなみに日常的にこれをやっていると、いろんな矛盾にブチ当たる。育児に協力的な男性が「イクメン」ともてはやされても、女性が「イクジョ」なんて褒められることはない。介護をする男性も「ケアメン」なんて言葉で肯定的に捉えられているが、親や病気の子どもの介護をする娘や母親はわざわざ名付けられ、脚光を浴びることはない。「大変だね」「偉いね」と言われても、どこかで「当然」という空気がある。というか、もうずっとずーっと長いこと、育児や家事や介護は「女の仕事」だった。だからこそ、家庭内で女性が担ってきた仕事は、仕事として成立しても低賃金に抑えられている。このように、日本社会には隅々まで差別と言っていい構造が浸透して、もう構造自体が差別を組み込んでいるので、どこからどうしていいのかわからない。

だから私は小さな抵抗として、男性、女性という言葉がやけに強調される時、それを置き換えてみる。そうすると、見えなかった世界がほんの少し、見えてくるのだ。

ということで、今も時々、あのネパール人のことを思い出す。彼女たちに幸多いことを祈りつつ、あれからペットボトルのお茶をなんとなく敬遠している私だ。

藤原紀香結婚会見の怪

あぶり出される「男社会」

２０１６年の春、なんとなくテレビをつけていたら藤原紀香・片岡愛之助両氏の結婚会見をやっていた。なんとなく聞き流していたら彼女が「これから一番大事なのは、彼の健康管理」みたいなことを言っていて、思わず椅子からずり落ちそうになった。

……え？　女優であるあなたにとって、何よりも大切なのは自分の仕事じゃないの？　それってファンとか仕事の関係者にもちょっと失礼じゃないの？

そう思いつつ、「ああ、なんかこれ、絶対回り回って女子に実害来そう……」という予感に包まれた。

同じ時期、世間は乙武洋匡氏の「不倫騒動」で揺れていて、「夫の不貞を謝った妻」

に大きな批判が集まっていた。主に女子からだ。

「なんで妻が謝らなくちゃいけないの？」

「時代に逆行してる！」

「そういう解決方法をよしとするから、女子が生きづらいままなんじゃん！」

そんな悲鳴のような言葉が私のまわりでも多く聞かれたが、「できた妻だ」なんて言うオッサンもいるらしかった。

結婚したら夫の健康管理が人生の最優先課題になる女優。

夫の不倫を謝罪する妻。

私はこういうことに、うまく言語化できない違和感を覚えるけれど、世間にはそんなに違和感を持たない人が結構な数いることも知っている。だけど、もし結婚会見で愛之助氏が、「これからは妻の健康を第一に」なんて言ったらどうなるだろう？　すぐに「藤原紀香　重病説」が出るに決まってる。週刊誌の見出しには「余命一年？」とか「難病？」なんて言葉が躍るだろう。

が、愛之助氏には今のところ重病の噂などは立っていない。なぜか。それは「妻が夫の健康管理につとめるなどして尽くすことは当然」という、私は決して合意も納得もしていないけれど、そんな決まりみたいなものがこの国には存在するからである。一度たりとも明文化などされていないのに、「そういうもんでしょ？　それくらいわかるよね？」と、実体のない「世間」は圧力をかけてくる。一方で、夫の不倫を謝罪する妻はいても、妻の不倫を謝罪する夫は見たことがない。

それだけじゃない。この少し前に「保育園落ちた日本死ね！！！」というブログ記事が大きな注目を集めたが、「保育園に落ちて泣く泣く仕事を辞めた妻」は多くいても、それで仕事を辞めたという夫の存在を私は知らない。

なんだかおかしいと思う。でも、もうこういうことは社会の隅々にまで根づいていて、どこから何を言えばいいのかもわからない。

「オッサン天国」日本

そんな時、久々に読み返した臨床心理士の信田さよ子著『母が重くてたまらない　墓守娘の嘆き』（08年、春秋社）に、非常にわかりやすく、この世が「オッサン天国」であるということを証明するような記述があり、違和感の正体が私の中でとても整理された。引用しよう。

信田さんは、「父」たちに以下のように語りかけている。

〈あなたたちは、たぶん他者からねぎらわれることに慣れているだろう。飲み屋に行っても「おつかれさん」と言われるだろうし、バーやスナックに行けばママさんがいっぱいねぎらうことばを掛けてくれるだろう。金を払えば女だって同じだろうと思われるかもしれないが、その点では男女は明らかに非対称的である。男性をねぎらうシステムは社会の再生産構造の中にちゃんと組み込まれている。あなたたちを癒すことが、日本経済の発展を支えることになると考えられているからこそ、膨大な歓楽街は存在し、家族の中ではちゃぶ台返しなどの好き放題が許されてきたのだ〉

続いて信田さんは、子どもに「早く自立をしろ」「甘えるんじゃない」と説教する「父」たちの矛盾を鋭く指摘する。

〈再生産構造の中でケアされ続けている父親の姿を見れば、一番甘えているのがあなたたちであると子どもたちは考えているかもしれない。お説教される子どもにしてみれば、これほど大きな言行不一致はないだろう〉

そうなのだ。この社会は、男性をケアするシステムを全国津々浦々まで張りめぐらせている。全国にある歓楽街には、飲み屋だけでなくいろいろな種類の風俗店もある。風俗だけじゃなく、男同士の「親睦を深める」ためのおっぱいパブなんかもある。男性の欲望とニーズは研究し尽くされていて、さまざまな企業努力が日々行われ、さまざまなサービスが誕生している。

が、女子に対してはどうだろう。働く女性をねぎらうシステムは確立しているようには見えない。歓楽街はいつも「オッサンのもの」で、女性が一人で足を踏み入れることができる場所はほぼないと言っていい。それどころか、ごくたまーに付き合いでスナックなんかに行くと（そういう場所は苦手なのだが）、そこのママに「（私と一緒に行った）男性陣を盛り立てるような会話への参加」を強要されたりする。

私もお金払ってんのに。なぜ、そんなことをされるのか。女だから。以上。

漫画家・田房永子さんの名著『男しか行けない場所に女が行ってきました』（15年、イースト・プレス）には、そんな「男社会」への憤りが鮮やかに描かれている。「男しか行けない場所」＝風俗店やストリップ、パンチラ喫茶などを取材してきた著者は、そもそもこの世の中そのものが「男しか行けない場所」なのではないかと問うのだ。別に風俗店などに限った話ではない。いろんなことが、「男向け」に作られている。その中には、「女はこうすべき」「こうあるべき」なんて「常識」も含まれる。以下、あとがきからの引用だ。

〈どうして、女は男と同じように働いていても、家事をするのが当然ということになっているのだろうか。仕事をしている女性が子どもを生むことを躊躇うのも、家事と育児と仕事を両立させられそうにないからと仕事をやめるのも、この世界そのものが男による男のための「男しか行けない場所」だからなんじゃないか、そんな気持ちになる〉

そう思うと、ベビーカーを押して電車に乗る女性が冷たい視線を浴びる理由もわかる。男向けに設計された場所には、最初から女や子どもの居場所などないのだ。この設計は、恐ろしいことにこの国の各種制度にも適用されている。

例えば一人親の貧困率が50％を超えるのは、この国の社会保障制度の設計に問題があるからだ。すでに時代遅れの「正社員の夫と専業主婦の妻、プラス子ども」みたいなものが標準世帯とされているので、標準世帯からもれる一人親世帯は貧困となるリスクが一気に高まる。当然、結婚していない単身女性の貧困リスクも高まる。単身女性の三人に一人が貧困（月の収入が約10万円以下）というのは有名な話だが、これが高齢者になるともっと大変なことになっている。65歳以上の単身女性の貧困率は52・3％（07年）で二人に一人だ。

女性は、子どもの時には「父」という男が、そして大人になってからは「配偶者」という男がいなければ貧しくなるリスクが高まるのだ。そしてそれをカバーする制度は今のところ、ない。なんだか身近に感じる疑問をつらつらと書いていたら、いつの間にか壮大な話になってしまった。だけど、おかしなことにはおかしいと言わないと、人はどんどん卑屈になっていく。

「女は余計なこと言わずに黙って笑ってればいいんだよ」

この国の女子たちの多くは、ずーっと「オッサンの呪いの言葉」に縛られてきた。そんな「男社会にとって都合のいい言葉」に縛られる必要など、1ミリもないのだ。

40代単身フリーランス（私）、入居審査に落ちる

気がつけば揃っていた三重苦

少し前、リアルに「単身女性として、先の人生への不安を突きつけられる」出来事に遭遇した。きっかけは、引っ越しを思い立ったこと。仕事の合間にネットで賃貸物件の情報を見たり、不動産屋をまわって気になるところを内見したりしていたのだが、なかなかいい部屋がない。特に私は猫飼いの身。「ペット可物件」となると、部屋探しはイバラの道だ。

そんな中、奇跡的にさまざまな条件がぴったりの物件と出会った。「ここだ！」と、喜び勇んですぐに申し込んだところ、翌日に不動産屋の青年から「大変申し訳ないんですが……」と、沈んだ声で電話があった。入居審査で「ＮＧ」だったというのである。

なんで？　どうして？――混乱する私に、実直そうな青年は言った。

「おそらく、仕事が不安定だからではないかと……」

確かに私はフリーの物書き。しかし、これまで部屋を借りるにあたって「ペンネームは何か？」「どんな媒体に書いているのか？」などを根掘り葉掘り聞かれたことはあるものの、ここまでの鮮やかな門前払いは初めてだ。

「それと、保証人になる予定のお父様の年齢が、65歳を超えているということもあるかもしれません……」

自営業の父親はその時69歳。今も現役で働いているが、そんなこととは関係なく、保証人の年齢は65歳で区切られることもあるのだという。

単身女性、フリーの不安定稼業、父親が高齢――。この三つが重なると「部屋を借りることもできない」事態が起きるということに、目の前が暗くなっていった。そうして、10年ほど前に取材した、ある単身女性の言葉を思い出した。高学歴だけど非正規雇用で、収入も不安定という同世代の彼女は言ったのだ。

「今はまだいいけど、父親が高齢になったり亡くなったりしたら、単身で非正規で低収入の女性である自分は、部屋を借りることもできなくなるかもしれない……」

頷きながらも、あの頃の私はどこかそれを「他人事」として聞いていたと思う。当時の私は30代。賃貸物件を借りるにあたっての苦労など、一度もなかったからだ。フリーターの時だって借りられていたんだから、大丈夫に決まってる。そんなふうに思っていた。思えば私がフリーターの頃の父は、今よりずっと若く、収入も多かったのだが。

そうして40代単身、フリーの物書きで、父が高齢という「三重苦」の身となった今、彼女の「悪い予想」はまさに我が身に的中したというわけである。

その上、軽く傷ついたのは、不動産業者に「審査に落ちたのは、（金融機関の）ブラックリストに載っているからではないか？」と疑われたことだ。その場合、断られることがあるというのだが、当然身に覚えなどない。というか、載りようがない。なぜなら、これまで「不安定稼業」という理由から、クレジットカードの審査にも落ち続けてきたのだ。よって、デビットカードなるものを使う羽目になっているのだが、ネットの決済などでは使えない場合もあるし、何より会費を払わなくてはいけないので高く付く。社会的信用がなければならないほど、なんだか余計な費用がかかるシステムになっているのだ。

そんなことを考えていて思い出した。これまで部屋を借りる苦労などなかったと書いたが、物書きになってから、若干の苦労が生まれていた。例えば連帯保証人がいればOKと言われていた物件なのに、「あなたの場合、仕事が不安定だから保証会社もつけないと借りられない」などと言われ、その費用として数万円を請求されたりしていたのだ。

フリーターの時よりも、フリーの物書きという自営業になってからのほうが、社会的信用度が低くなっているという現実。入居審査が年々厳しくなっているなどの事情もきっとあるのだろうが、明らかに「正社員として勤めている安定層」よりも、さまざまなコストが発生している気がして仕方ない。

ポバティ・タックスとは？

そんな話をある飲み会の席でしたところ、「それはポバティ・タックスだ」と言われた。ポバティ・タックス＝貧困税。貧しい人ほど、より負担が重くなるような現象。例えば、今まで私の身に起きてきたこともそうだが、それだけでなく、安定した収入のある正社員がお金を借りるより貧しい人が借りるほうが利息が高く付く、なんてことは往々にしてある。貧しければ貧しいほど、利息が高い金融会社しかお金を貸してくれないからだ。その最たるものがヤミ金だろう。

「貧困はお金がかかる」

これは、貧困問題に取り組む人の間では有名な話である。金利などの話だけでなく、例えば毎日少しずつしかお金を使えないので、「食材をまとめ買いして節約」なんかもできない。米や炊飯器を買うまとまったお金もないから、毎日コンビニのおにぎりや弁当を買って結果的には高く付くような、そんな生活。しかもこれが「ホームレス」状態となると、洗濯や入浴、タンス代わりのコインロッカーの開け閉めにもいちいち出費が発生してくる。

貧困でなくとも、私のような社会的信用度ゼロの人間となると、結果的には同じようにポバティ・タックスを支払う羽目になっているのだ。

改めて自分の「社会的信用度の低さ」を突きつけられ、大いに将来が不安になってきた。このまま引っ越しもできず、不安定な仕事もより不安定になり、その上、親が要介護状態なんかになってしまったら……。「賃貸物件の審査に落ちた」という現実によって、思考はどんどん暗黒の方向に進み、「将来は野たれ死に?」まで行き着く始末だ。

が、これは私だけの問題ではない。すべての不安定層の問題である。特に、女性。何しろ、20~64歳の単身女性の三人に一人が貧困ライン以下の収入で暮らし、65歳以上の単身女性となると、貧困率は52・3%（高齢単身男性は38・3%、2007年）。実に半数なのだ。翻って高齢男性の貧困率は、ここ数年改善の兆しが見られるという。それは団塊世代が65歳以上になっているから。高度経済成長期を生きてきた彼らには、「年金収入」という強い味方がある。よって高齢男性の貧困率は、改善しているのだ。が、高齢女性はあまり改善していない。

私たちの世代では「年金で貧困率が改善」というおめでたい話など、起こるはずもないだろうことはすぐわかる。ということは、私たちが65歳以上になる頃の「単身女性」の貧困率は？　今だって約半数が貧困なのだ。もう80、90%とかになっているのではないだろうか。

いろいろ考えて、自分の将来と同時に「日本の未来」まで不安になってきた。男性を中心にした時代遅れの発想による社会保障制度設計が、「正社員の夫と専業主婦の妻、プラス子ども」みたいな標準世帯からもれる一人親世帯や単身女性の貧困リスクを高めているのだ。

今、私は声を大にして言いたい。

「(保証人的なことで)頼れる男」――多くの場合は父親か夫――がいないと、女は「部屋を借りる」といった生活の基盤すら維持できないことがあるのだと。私が特別不安定だから、で済む話ではない。なんといっても、女性の6割が非正規雇用だ。そしてご存じの通り、生涯未婚率は上がり続けている。

ちなみに「入居審査に落ちて悩む私」に、「偽装結婚」を勧める人がいた。もちろん冗談で言っているのだが、なかなか象徴的な話である。「65歳以下の正社員の夫」がいれば、今回のようなことにはおそらくなっていないのだから。

これからさらに単身・非正規雇用の女性が増加し続けていくだろうことを思うと、「部屋を借りるため」などの理由で本当に「偽装結婚」なんかのニーズが生まれるかもしれない。というか、そんなニーズが生まれてしまうこと自体が、とてつもない構造的差別なのだ。

その後、なんとか入居できる物件が見つかったものの、「仕事が不安定だから」という理由でやはり保証会社が必要と言われ、現在、毎月７０００円以上を家賃とは別に保証会社への支払いにあてている。年間８万円以上の出費だ。入居審査に落ちたこと、そして今も月に７０００円以上をとられているという事実に、なんだか「一人でそれなりに頑張って仕事してきた」これまでの人生を否定されたような気分が込み上げてくる。これが結構、じわじわくる。ある程度の年齢までは「一人で頑張ってる」ことが評価されたのに、ある年齢を超えた途端、オセロの黒と白が反転するように、すべてがマイナスとなってしまったような気分だ。

そんな時に、「女性の活躍」なんておなじみの言葉を耳にすると、なんだか遠い異国の話のように思えてくる。

いつの時代も、「持てる者」には「持たざる者」の現実など、見えないようである。

理想の結婚相手は「おしん」だとさ

「男と女、どっちが得」かという質問のトラップ

「生まれ変わったら男になりたい？　女になりたい？」

よく聞く台詞だ。

「男と女、どっちが得だと思う？」

これもよく聞く。この手の質問に、あなたはどう答えるだろうか。

私自身はといえば、ずっと「女」と答えてきた。しかしそもそも、なんでそんなふうに答えてきたのだろう？　この原稿を書くにあたって改めて考え、思い出した。それは「この手の質問」をされた多くがお酒の席で、相手は「私が20代の頃、キャバクラで働いていた時の客」だということ。特に「どっちが得」系。そうしてキャバ嬢時代の決定

的な出来事を思い出した。ある日、酔っぱらい相手なので深く考えず適当に「男」と答えたところ、客のオッサンは烈火のごとく怒り出したのだった。

オッサンの言い分を要約すると、「女のほうが得に決まっている。なぜなら男は厳しい競争の中で働き、誰にも弱みを見せられずに孤独に日々戦っている。それに比べて女はなんと楽なことか」というようなことで、そんな「血で血を洗うような職場という戦場」で戦う男性のほうが得とはなんたることか、お前は全然社会というものをわかっていない、とご立腹なのだった。そんな話のあとには、「軍隊だって男しか行かないんだぞ！」というオマケ。ちなみにその男性に軍隊の経験などもちろんない。しかも現実を見れば、アメリカ軍をはじめとして各国の軍隊には女性も多くいるわけで、日本の自衛隊にだって女性隊員はたくさんいる。しかし、彼の目には「男が徴兵された太平洋戦争」しか見えていないようなのだった。

さて、そんな客は、毎日が「戦い」と言いつつも19時の開店と同時に店にやってくるなど随分暇なようで、しかも「弱みを見せられない」「孤独」と言いつつも、いつも同僚と一緒にキャバクラに馳せ参じており、しかもキャバ嬢相手に会社の愚痴を延々と垂れ流すなどしておられたのだった。自己認識とやってることがここまで違うと人生いろいろと楽だろうな、と思う。

そんな出来事があって以来、私は学んだ。「どっちが得」系の質問は、相手が男性の場合、多くが男性の優位性を確認するためのトラップなのだと。以来、私は「男と女、どっちが得だと思う?」と聞かれた際には「女!」と即答するようになった。「だって男の人って大変そうじゃないですかー」などと思ってもいないことを付け加える技術も体得した。すると多くの男性は目を細め、「よしよし、お前は男の苦労を理解しておる」と満足げなのだ。

まぁ、日常から離れたキャバクラという場所で、そういうことを言ってもらいたいのだろう。当時は漠然とそう思っていた。が、驚いたのは、私がキャバ嬢でなくなっても、そういうことを言う男性が世の中には多くいるという事実だった。

「いいよなー、女は気楽で」から始まるざれ言の数々を聞くたびに、何度時給を請求したくなったかわからない。また世の中には、「女ばかりが得をしている」という言説がいつしか一定の支持を受けていることも知った。それらは大抵、映画のレディースデーや女性専用車両などをきっかけとして語られている。一部の男性たちにとって「得」で「楽」に見えている女性像とは、いったいどのようなものなのだろうか。

冠婚葬祭ハラスメント

そんなことを考えていたところ、ツイッターで「#日本で女性として生きること」というハッシュタグと出会った。ツイートを見てみると、セクハラ、性暴力、容姿を常に値踏みされるといった問題から「男を立てなきゃいけない」問題、「バカなふりしなくちゃいけない」問題、「知ってるのに知らないふりしなくちゃいけない」問題、「稼いでるのに稼いでないふりまでしなくちゃいけない」問題などなど身に覚えのあるつぶやきのオンパレード。

はたまた既婚者層からは、共働きなのに家事・育児のすべてがのしかかり、夫に何かしてもらうと「ごめんね」と言ってしまうけどなんでそんなこと言わなくちゃいけないのだ、といった内容のつぶやきもあれば、家事・育児だけでなく介護までして当然という空気への違和感、また単身女性からは男性と比較した賃金の安さ、扱いの違いといったことがつぶやかれていた。

読みながら、鹿児島で講演した際のことを思い出した。対談相手として、一緒に舞台に上がった32歳のお坊さん（イケメン）は、以下のようなことを述べたのだった。

自分は法事などの際、集まった人々を前に「人間は平等である」などと話す。さまざまな問題は差別から始まっていると思うので、差別はいけないという話もよくする。しかし、そんな自分の話が終わると何が起きるか。その場にいる女性たちは慌ただしく長机を並べたり、台所で料理を盛りつけたりして立ち働き、反対に男性たちはその場に座ったままで、女性に注がれたビールを当たり前のように飲み始める。「住職さんもどうぞ」などと言われて、ビールをいただいている自分もいる。さっきまで平等や差別について話していたのに、目の前の光景はまさに男女の不平等で、とてつもない自己嫌悪に陥る……。

そんな話を聞いて、いとこの女の子が亡くなった時のことを思い出した。

まだ20代で、突然、病によって命を奪われた女の子。憔悴《しょうすい》しきっていた彼女の家族。葬儀などが一通り終わって、彼女の家での食事になった時のことだ。リビングの一番いい席を陣取ったある親戚のオッサンは、娘を亡くした母親や妹を亡くした姉に対して、当然のように「ビールもう1本！」「氷ないよ！」などと怒濤の命令を次々と下したのだった。あの時、殺意が芽生えたことを、私はちっとも悪いとは思っていない。

声のデカいオッサンを、誰一人、とがめたりはしなかった。娘が、妹が死んだとしても「女」は親戚の男性のために忙しく立ち働き、酒を注ぎ、料理を運ぶなどするのが当たり前なのだ……。親戚のオッサンは、悪気なく、本気でそう思っていたのだろう。そしてこの国に住む少なくない数の男性、そして女性までもがそのことに疑いを抱いていない。いや、抱いたとしても、早々に諦めてしまうのかもしれない。そのほうが、楽だから。

冠婚葬祭は、親戚のオッサンによるハラスメント博覧会である。多くの人が小さい頃からそんな光景を目にし、さまざまな疑問を飲み込んでしまうのかもしれない。だって、そんなことを口にしたらブチ切れられるか、「そんなこと言ってたら将来幸せになれないよ」なんて言われるのがオチなのだから。家族とか親戚とかの小さな世界でさえ、そうなのだ。そんな価値観を持った「オッサン」が絶大な権力を握る企業社会などに出ていったら、女子たちはどんな目に遭うか。

男の鈍感さに笑顔で応えるな

最近、自分の気持ちをあまりにも代弁してくれている文章に出会ったので紹介したい。それは、雨宮まみ著『女子をこじらせて』の文庫版（２０１５年、幻冬舎文庫）の解説。社会学者・上野千鶴子さんの「解説――こじらせ女子の当事者研究」から引用しよう。

〈女でなくても傷つき、女であっても傷つく。これは多くの女にとって見慣れた風景だろう。しごとができればできたで、「女にしては」と評価されるいっぽうで、「女だから」評価されたのだとおとしめられそねまれる。しごとができなければ論外だ。男の社会のうちに女の居場所はないし、逆に女の指定席に座ってしまえば一人前に扱われない。あまりになじみの経験なので、これに「ウルストンクラフトのディレンマ」と名前がつけられているぐらいだ〉

なんだかもやもやすることは、名前がつくといきなり論点が明確になる。私自身、この言葉と概念にどれほど救われてきただろう。しかし、どれほど論点が整理されても「男社会」が変化する兆しは残念ながらあまりない。そうして私たちは時に、セクハラに遭ってショックを受ける女性に対して「男なんてそんなものだよ」となだめ、自身は笑ってかわす技術まで身につけ、それを「大人の女のたしなみ」だなんて思い込んでいたりする。そしてオッサンたちに「セクハラとかガタガタ言わない話がわかる女」なんて扱いを受けると、時に「承認」された気分にまでなってしまう。だけど、それって結局「男に都合のいい女」になるだけのことだ。そうしていろんなことに麻痺していくと、最悪、自分が加害者側になってしまうかもしれない。

では、どうすればいいのか。上野さんは、女子たちにこのように呼びかけるのである。

〈手前勝手な男の欲望の対象になったことに舞い上がるな。男が与える承認に依存して生きるな。男の鈍感さに笑顔で応えるな。じぶんの感情にフタをするな。そして……じぶんをこれ以上おとしめるな〉

プリントアウトして、部屋に貼っておきたいほど素晴らしい言葉である。

「いい母親」は女の敵

しかし、男社会のあまりの「変わらなさ」に、心が折れそうになる瞬間も少なくない。

少し前も、私より年下の30代男性と話していて（というか一方的に話を聞かされて。これもよくあるパターン。女は男の話を黙って聞く生き物だと思っている）、昭和に強制的にタイムスリップさせられたような感覚にめまいがして倒れそうになった。

私が倒れそうになったのは、彼の「理想の結婚相手」が「おしん」だということ。昭和の差別と不幸を丸ごと背負った少女が「理想」だと、私より年下の男性は堂々とのたまうのである。それはその男性が、女性を家政婦か奴隷としてしか見ていないという恐ろしいカミングアウトで、直訳すれば「自分は人権意識のかけらもない大馬鹿野郎です」と言ってるに等しいのだが、彼は滔々と、自分の母親がいかに「おしん」的な献身でもって日々夫や息子に尽くしていたかをうっとりとした様子で語り続けるのだった。息子から見て、非の打ち所のない「いい母親」なのだろう。しかし、私は思った。「いい母親」は、時に女性の人権の敵になり得るのだと。そして「なんでも言うことを聞いてくれる奴隷のようなお母さんみたいな人と結婚したい」という内容のことを嬉々として話している彼が、恐ろしく不気味に思えた。

最近知った言葉に、「よい嫁は福祉の敵」というものがある。やはり上野千鶴子さんの『みんな「おひとりさま」』（12年、青灯社）を読んでいて知った。介護などについての文章で、上野さんは以下のように書いている。

〈「日本型福祉」のもとで「家族は福祉の含み資産」と公言することはさすがになくな

ったが、それでも亀井静香さんのように「子が親を看る美風」を信じている人たちは多い。通訳しよう、「家族は福祉の含み資産」とは、「嫁さんがいるから公的福祉はやらなくていい」という意味だし、「子が親を看る美風」とは「女房に自分の親の介護をやらせるのが、男の甲斐性」となる。だからこそわたしは、「よい嫁は福祉の敵」と言ってきた。最近では自治体の「孝行嫁」表彰はなくなったが、こんなオヤジにつごうのいい制度をよく続けてきたものだと思う〉

孝行嫁表彰……。介護嫁表彰、模範嫁表彰という言葉もあるようだ。だったら孝行夫表彰、介護夫表彰、模範夫表彰というのも作ればいいのに、そんな言葉はどこを見回してもない。

この国では、男性は経済的自立さえしていれば、そうそう責められることはない。しかし、女性は仕事に加えて家事や育児まで完璧にこなすこと、「男を立てる」ことまでが求められ、時には仕事をしていることについて「旦那さんの理解があっていいわね」なんて意味不明なことを言われ、育児に手がかかったり介護を必要とする家族がいたりすれば仕事を続けていることを責められ、やむを得ず仕事を辞めて介護に専念しても、誰もねぎらってなどくれない。男性だったら、少しは褒められるのに。

さて、ここで冒頭の言葉に戻りたい。

「生まれ変わったら男になりたい？　女になりたい？」

「男と女、どっちが得だと思う？」

ここまで書いてきたものの、私は「男」とは即答できない。だってもし男になったとして、まわりの男性がここまで書いてきたような「昭和のオッサン的価値観」ばかりだとしたらつらすぎる。

結論。どっちがいいとかじゃなく、「女はこうあるべき」「男はこうあるべき」という価値観から解放されたほうが、みんな幸せになれる気がするのだ。

大震災で露呈した昭和のオッサン的価値観

災害避難所における教訓とは？

2016年4月、九州の熊本・大分県で大きな地震が発生した。この文章を書いているのは、最初の「前震」から12日後だ。テレビを見ていたら、避難所に「間仕切り」が作られ、「やっとゆっくり眠れた」「やっとプライバシーが保てる」という被災者の声が紹介されていた。

その声を聞いて、ほっと胸を撫で下ろした。

間仕切り。だだっ広い体育館などに避難している人の、生活空間を区切るものだ。段ボールでもいいし、カーテンのようなものでもいい。布一枚、段ボール一枚だとしても、プライバシーが保たれる空間があるということは、どれほど人の心に余裕を生むだろう。

仕切りがあれば、寝顔を晒さなくて済む。着替えもできる。赤ちゃんに授乳する時に、人目を気にしなくていい。

この項では、「災害と女子」について考えたい。

11年3月11日の東日本大震災から、5年が経って起きた今回の熊本地震。この地震を機に、噴出してきたことがある。それは「東日本大震災の時は、避難所でこんなことがあってとても困った。今回はその教訓を生かしてほしい」という声だ。

まず話題になったのが生理用品。東日本大震災の時、支援物資として避難所に届けられた生理用品を「こんな時に不謹慎」と受け取らなかった避難所があるという噂がネット上で拡散された。受け取らなかったとされるのは、当時、避難所を仕切っていた年配の男性だという。私には、この話の真偽を確かめる術《すべ》はない。が、「さもありなん」という思いが込み上げてきた。また、生理用品を求める声に対し、「だったらエロ本とコンドームも送れ」という男性の意見も出てきたりと、女性の生理に対する恐ろしいほどの無知も露呈された。

そんな諸々を見ていて、東日本大震災時、避難所でボランティアをしていた女性から聞いた話を思い出した。避難所には、多くの物資が日々届く。ある日、足りないものはないかと聞かれて「女性用下着」を頼んだという。そうして届いた物資を見て、彼女は驚いたそうだ。

段ボール箱に入っていたのは、「若い女性用の下着」のみ。当たり前だが、避難所には子どもからお年寄りまですべての世代がいる。また、やせている人もいれば太っている人もいる。が、届いたのはグラビアアイドル体形の女の子しか身につけられないような下着ばかり。「たぶん、送ったのは男性なんだろうなと思いました」と彼女はため息をついた。

おそらく、悪気はないのだ。それどころか、避難所に物資を送ってくれるほどの善意の持ち主なのだ。しかし、その人の頭の中には「女性用下着」＝若い女の子の下着という発想しかなかった。おばさんやおばあちゃんもいることが、すっぽり抜けていた。その人の「女性観」が、あまりにもわかるエピソードである。

間仕切りが「水臭い」？

悪気のなさということでいえば、前述の「間仕切り」が使えなかったというケースもあった。東日本大震災から一年後、和光大学教授の竹信三恵子さんは「震災での女性支援はなぜ必要なのか」と題して、以下のように書いている（12年3月5日付、法学館憲法研究所ウェブサイト）。

〈初期は、間仕切りがない平土間の避難所で、着替えや授乳の場所がなく、取材陣が走り抜ける通路の脇で毛布をかぶって着替える女性もいた。政府に間仕切りを支給するよう求める動きが起こり、支給が始まったが、女性の声が抑え込まれた避難所内では積まれたままという例も少なくなかった。「避難所は家族、間仕切りを使うなんて水臭い」と男性リーダーが叱咤し、使わせてもらえなかったとの声も聞いた〉

また竹信さんは、避難所で炊事を担当させられた女性たちの疲労が、避難が長引くにつれたまっていったという問題にも触れている。

〈1日3食を100人分つくり続け、リーダーに「疲れた」といったら「大変だな、それでは、かっぱえびせんですませよう」と言われた女性もいた。男性が交代するという発想がなかったのだ〉

「水臭い」と間仕切りを使わせないオッサン。そして「炊事は女の仕事」と思い込んでいるオッサン。読みながら、怒りが込み上げてくるのを抑えられなかった。

それでも、彼らにはなんの悪気もないのだろう。家の中でやっていることをそのまま避難所でやっているだけなのだろう。平時だったら「家事は女がするもの」などと言う年配男性を「すごい昭和的価値観」と笑っていられるかもしれない。が、非常時に露呈する女性観は、このように女性を傷つけ、苦しめ、追いつめる。だからこそ、平時からジェンダー問題についてすべての人が学ぶべきなのだ。

一方で、思う。私たち（男性も含め）は普段から、このような男性に対して、「それはおかしい」ともっと意見を言うべきではないのかと。

意見することは面倒だし、傷つけられるし、キレられるし、女性の場合「そんなこと言ってるとモテないぞ」なんて嫌なことを言われたりする。だけどたとえ相手が夫でも、恋人でも、兄弟でも、父親でも、親戚のオッサンでも、地域のリーダー的な人でも、政治家でも大金持ちでも目上の人でも、おかしいことにはおかしいと言ったほうが絶対にいいのだ。黙っていることは、前述のようなオッサンの大量生産に手を貸してしまうことと同義だ。今は特に実害がなくても、ゆくゆくそのオッサンは独断と偏見と無知ゆえに、社会に大迷惑をかけることになるだろう。

国際的な災害支援の世界では、女性への支援は、高齢者や障害者への支援と並んで基本中の基本なのだという。地震大国であるこの国で、そんなことへの理解すら進んでいないことが恐ろしい。

さて、避難生活が長くなってくると洗濯なんかもするわけだが、「洗濯物を干す場所」への配慮も必要だ。誰だって、下着などは見られたくないものだ。

このように女性に対する支援は、本当に細かい部分への目配りが必要だ。そんな支援について、詳しく知りたい人にお勧めしたいのが、「減災と男女共同参画 研修推進センター（前身は東日本大震災女性支援ネットワーク）」のホームページから無料ダウンロードできる「こんな支援が欲しかった！ ～現場に学ぶ、女性と多様なニーズに配慮した災害支援事例集」だ。

災害が多いこの国で、すべての人が目を通しておくべき事例集だと思う。災害から自分の身を守ることももちろん重要だが、避難生活の中で多様なニーズがあることを知っていれば、誰かの「困った」という声に気づきやすくなる。自分だって困った時に、声を上げやすくなる。男性にも男性のニーズがあり、丁寧な支援が必要なことは言うまでもない。

それぞれの、ちょっとの配慮で避難生活のトラブルは減らせる。誰かに嫌な思いをさせないですむ。

日頃から、気をつけておきたいことだ。

「ロボットジジイ」と非実在女性

リアル「ロボットジジイ」を目撃

少し前のこと。終電近くの電車に乗っていたら、前の席で熟睡していたオジサンがハッと目を覚ました。電車はちょうどホームに着くところ。もしかして、降りるべき駅を通過しちゃってた？

さて、そんな時、あなただったらどうするだろう。大抵の人は、まずキョロキョロしてホームの駅名標などで駅名を確認するという行動に出るだろうと思う。が、オジサンは違った。目覚めると同時に、近くに立っていた若い女性に突然「おい、ここどこだ？」と怒鳴り、女性が反射的に「品川です」と言うと同時に立ち上がり、お礼も言わずに電車を降りていったのだった。

なんか、すごいな……。後ろ姿を目で追いながら、思った。近くにいる見知らぬ女性に対してなんのためらいもなく「おい、ここどこだ?」と聞けてしまうその神経がだ。自分がたずねているのになぜか命令口調。年下の女性に無視されるなんてこと、あり得ないと思っているその揺るぎない姿勢に、「ロボットジジイ」という言葉を思い出した。ロボットジジイとは、漫画家・田房永子さんのコミックエッセー『ママだって、人間』（2014年、河出書房新社）に出てくる言葉だ。

田房さん自身の出産、育児について描かれたこの漫画には、「何もしないジイさん」という章がある。子どもが生まれてベビーカーで移動する際の「肩身の狭さ」や、だけど「バアさん」は優しかったり、子持ち同士も助け合うというそれぞれの生態が描かれているのだが、そこに登場するのが60代後半~70代ぐらいの「何もしない」ロボットジジイだ。エレベーターのドアにベビーカーが挟まれそうになっても何もしない。なのに「2階!!」などと指示にはためらいがない。以下、漫画からの引用だ。

〈もし、バアさんや子連れがこんなことをしたらすごく目立つ／だけどジイさんだと誰も気にしてない／ジイさんという存在に女たちが何も期待していないという表れ?／家では何もせず／仕事だけしてればいいと言われ40年 馬車馬のように働き／定年後 急にこっちの世界に放り込まれたら〉〈こんな風に電池の切れたロボットみたいになっちゃうのかも…〉

その対極として描かれるのが、少数存在する「ハツラツジジイ」だ。

そんなロボットジジイという言葉、そして『ママだって、人間』を知ったのは、作家・山内マリコさんのエッセー『皿洗いするの、どっち？ 目指せ、家庭内男女平等！』（17年、マガジンハウス）だ。山内さん自らの同棲、そこからの結婚生活をレポートしているのだから、面白くないわけがない。

ちなみに山内さんは１９８０年生まれの30代。「彼氏」は、山内さんと２００９年より交際する「厨房に入る系」の男子。同級生。会社員のようである。

目次をざっと眺めるだけでも、頷くこと盛りだくさんだ。

〈男は家事を3倍にするモンスターである〉〈同棲生活の不満は3日もあれば出揃う〉〈皿洗いの現場は憎しみを育てる〉〈日本女性はやさしい言葉に飢えている〉〈男の空間支配力はリモコン支配力と同義である〉〈夫のためにも女は悪妻になるべきである〉〈夫は役立たずの代名詞である〉などなど、男性には耳が痛いだろうが、女性だったら「わかる！」と叫びたくなるのではないだろうか。

男が理想とする「５Ｋ女」って？

『皿洗いするの、どっち？』では、このようなテーマで彼氏への不満などが綴られているのだが、面白いのは「男のいいぶん」として、彼氏も原稿を書いているところだ。

例えば山内さんが彼氏の「歯ブラシ持ってきて」という言葉に憤り、それを書けば、彼氏は彼氏で山内さんが「ティッシュ取って」と日に三度は言い、風呂上がりに「ボディクリーム塗って」と足を投げ出すなどを暴露。二人の間での攻防が繰り広げられるのだが、しかし、その中でも彼氏が確実に理解しようとし、学んでいるのが伝わってくる。〈性別役割分業に大変敏感なフェミニストであり、とかくミソジニー（女性嫌悪）な世の中に対してふつふつと怒りを募らせている〉という彼女との日々の中で、彼氏の中に生まれた「当事者意識」。女性が何に怒り、何を求めているのかを知ろうとする。また、結婚し、山内さんの姓が変わったことについて、それまで「当たり前」だと思っていたものの、彼女に「じゃあそっちが私の苗字になれって言われたらどうよ？」と言われて「事の重大さ」に気づくのだ。そんな二人の絶妙な「かけあい」に引き込まれて読み進めていく中で、激しく共感したのは山内さんのこんな一文。

〈独身男性がよく、「こういう女と結婚したい」といって条件をあげますが、そんな女実在しないどころか、人間じゃないことがしばしばあります（女がリストアップする王子様の条件の非実在ぶりもなかなかだが）。彼らは男の妄想が生み出した「オレたちのいい女」が存在していると、本気で思っている。そんな女、いないのに！〉

『皿洗いするの、どっち？』を読んだ直後、別の本で同じような「非実在女性」についての記述に触れた。それは精神科医・香山リカさんの『40歳からの心理学』（06年、海竜社）。この本では、心理学者の小倉千加子さんが説明する、未婚男性が結婚相手に求める「5K」について書かれている。

一体、その「5K」とは？

恐ろしいが、引用してみよう。

〈かわいい・賢い・家庭的・軽い（体重が）・経済力〉

あなたのまわりを見渡してほしい。可愛くて賢くて家庭的で体重が軽くて経済力がある、というすべてを兼ね備えている女子など、存在するだろうか？　少なくとも私のまわりには一人もいないし、今まで生きてきて会ったこともない。香山さんも、〈「そんな都合のいい女性、いるわけないじゃない」とたいていの人は思うだろう〉と書いている。

しかし、そんな「都合のいい女性」になるべく、必死で頑張っている女子の姿はよく見かけるものでもある。仕事もできるが女らしさも忘れない。忙しいけれど、料理だって頑張って、オシャレも手を抜かない。エステやネイルも行ってヨガも頑張って、そんな「自分磨き」をSNSでもきっちりアピール。そしてさりげなく、「男を立てる」ことができることも匂わせる――。それは、そんな女性像が求められているからに他ならない。だけど、そのことに私はいつも悶々としてしまう。

そんな私のもやもやを明確に言い当ててくれる言葉を、『ママだって、人間』の中に発見した。

田房さんが産後、夫が「とにかくイヤになった」時期に雑誌を読むシーン。雑誌には「産後の夫婦危機をのりこえる」「夫のことは飼い犬と思え」「察してほしいは　あきらめろ！」などの言葉が並び、「夫に家事をやってもらう方法」として、「何をやってほしいか具体的に指示する（しつける）」「やってくれたらたくさんほめる」「感謝をとにかく伝えプライドを刺激する」「10期待しないで6で満足する」などの文言がある。それに対して、彼女は思うのだ。

〈大の男をいちからしつけ直すのも妻の仕事ってか？／夫には6で満足しろとか言って世の中は「母親」に1000くらい求めてるよね〉

雑誌の別のページには、「2人目妊娠への道」として、「ボクらがその気になるような雰囲気づくりも配慮してほしい！」「家族ではなく『男』として見る努力をしてほしい!!」などの「夫たちの言い分！」が紹介されている。そんな随分と勝手な言い草に、彼女はさらに思うのだ。

〈飼い犬としてしつけながらも　夜は男として見ろってか……／「男はたくさん子孫を残したい生き物」って言うよね　ならば子作りは腕の見せ所のはず。なのに「ムード作ってくれ」って…／期待しないで　うまくあしらって　ムード作ってあげて　種だけもらって／そうやって人間扱いされなかった夫たちが／ロボットジジイ化するのでは…？〉

女なんだから……は断固拒否

そう、結局「男に都合のいい女」は、男を立ててあしらって、文句も言わずに家事全般を引き受けていろいろと諦め尽くした果てに、ロボットジジイの生産に手を貸してしまうのだ。

それにしても、子育てして家事をしてその上「女」としてきれいでいて、夫のプライドをうまくくすぐりつつ家事を分担させて「褒め上手」で、さらに夜は「夫をその気にさせろ」って、もはや地獄の沙汰としか思えないのは私だけではないはずだ。もし、男性側がまったく同じことを求められたら、一日で逃げ出すのではないだろうか。自分ができないことを、人に求めない。ただそれだけで世の夫婦は随分と平和になるだろうに。「自分が同じことを要求されたら」。たったそれだけの想像力があればいいのだ。

しかし、「女なんだからそれくらいするのが当然」という発想の男性は、少なからず存在する。私自身もうっかりそんな男性にひっかかったことがある。

それまでそんなそぶりなど一切見せなかったのに、ある日突然、「自分が来る前には部屋を完璧に掃除するのが当然だ」と言い始めたのだ。猫アレルギー持ちだからうちの猫の毛が気になったのだろうが、もちろん掃除はしていた。だけど、こっちだって締め切りやなんかで死ぬほど忙しい時もある。気になるなら、自分で掃除機でもなんでもかければいいのだ。が、そう言いかけた時、「女なんだから」という一言がそいつの口から飛び出した。その瞬間、別れを決意したのは言うまでもない。団塊世代のオッサンとかじゃなく、同世代の男の口からそんな言葉が飛び出したことがただただ衝撃だった。

そしてそれまで、そんなキャラには全然見えなかっただけに、問題の根深さに頭を抱えた。これほど無意識に、「女だから」が刷り込まれ、悪気なく口から飛び出すことに愕然とした。

40代である私のまわりには、ちらほらと「ロボットジジイ予備軍」と呼びたくなる男性がいる。一方で、ロボットジジイとは対極のハツラツジジイになるだろうな、という男性もいる。あなたのまわりの男性も、きっと二分されるはずだ。どうせだったら、自分の大切な男性には、ハツラツジジイになってほしい。多くの女性がそう思うはずだ。

そのために、女子にできることはたくさんあるよな、と思ったのだった。

2 女子たちのリアルな日常

持つべきものは、看病し合える女友達

インフルエンザがやってきた

毎年冬、この国の人々に心底恐れられているものがある。

その餌食になってしまうと、すべてのスケジュールはパー。自分が悪いわけじゃないのに周囲の人々は遠ざかり、何もしてないのに「犯罪者」のような目で見られる。苦しいのに、優しく寄り添いいたわってくれる人はなく、汚物のような目で見られ、社会からは隔離される。

そう、それはインフルエンザ。

本項を執筆した2016年も猛威をふるっていて、2月前半の一週間に全国の医療機関を受診した推計患者数は、200万人を超えたという（国立感染症研究所）。テレビなど

2

女子たちのリアルな日常

を見ていても、舞台役者のインフルエンザ感染で公演が中止になったり、私のまわりでも出演者が感染してイベントができなかったり、といった悲劇が続いていた。しかし、私はどこか他人事だった。今まで一度もかかったことがないからだ。

そんなインフルエンザが、1月末、突然やってきた。うちに遊びに来た友人・涼子（仮名）とともに。

もともとその日は、涼子とわが家で飲む約束をしていたのだった。が、涼子は来るなり「なんかしんどい……」を繰り返し、日頃、親の仇《かたき》のように飲んでいるお酒にも手をつけない。体温をはかると、38度。

「え、じゃあどうする？　大丈夫？　帰る？」

さりげなく（何度も）帰宅を勧めるも、涼子は「いや、ちょっと寝ていく……」と、勝手にうちで寝ることを決めてしまったのだった。

なんか少し、いや、大分メンドくさい、と思ったものの一人暮らしの涼子を追い出すのも可哀想……と、渋々リビングに布団を敷いた。わが家では他人が泊まりにきた場合、私は寝室で寝て、泊まり客はリビングに布団を敷いて寝てもらうことにしているのだ。

さて、そうして明かりを消したリビングでスヤスヤと寝息を立て始めた涼子だが、まだ夜も早い時間だ。私は夕食を食べていないので、お腹だってすいている。が、涼子が寝ているので、物音を立てるのもはばかられる。

仕方なく、この日は寝室で一人、することもなく静かに飢えに耐えたのだった。ま、明日になれば熱も下がって帰るだろう、と。

そうして、翌日。しかし熱はさらに上がり、39度を超えていた。

これは、もしや……。そう思い、涼子にお粥を食べさせながら「病院に行こう」と切り出すものの、涼子は頑として首を縦に振らない。

「もしかして、インフルエンザかもよ?」

そう言うと、お粥を作ってもらった恩も忘れて「そんなふうに脅すなんてひどい!」と怒り出す。「じゃあ、とにかく薬飲もうよ」と勧めると、涼子は「絶対に嫌だ」と拒絶する。

そうなのだ。この女は病院嫌い・薬嫌いで、何か西洋医学を否定しているようなところがある上、「なんかのローヤルエキス」とか、普段からそういう得体の知れない健康食品ばかり口にしている(そしてやたらと勧めてくる)。

結局、病院と薬を拒絶した涼子がもうろうとしながら食後に飲んだのは、持参していた「朝鮮人参の粉」だった。この女は、なんでそんなものを持ち歩いているのだろう?っていうか病院嫌いは個人の自由だけど、もしもインフルエンザだったら、私が大迷惑なんだけど……。

朝鮮人参の粉の苦さに顔をしかめる涼子が、なんだか民間療法しか信じない大正生まれの偏屈な婆さんみたいに見えてきて、だんだんムカついてきた。すると涼子はさらに得体の知れないものをバッグから出し、「これを風呂に入れてほしい」と言い出す。

目の前に差し出されたのは、ビニールに入った薄汚い石。

「は？」

熱でおかしくなったのかと思って聞き返すと、「今から風呂に入るからこれを入れて」とうわごとのように繰り返す。

「え、熱あるのに、お風呂なんてやめたほうがいいんじゃない？」

そう言うと、涼子は「大丈夫、入れば熱が下がる」と、再び頑《かたくな》に主張。どんなに引き止めても聞かないので、仕方なくバスタブにお湯をため、その中に薄汚い石を投じる。と、風呂場だけでなく、家中が恐ろしいほどの硫黄臭に包まれた。二匹の飼い猫もおびえるほどだ。本当に、この女はどうして人を呪い殺すための道具みたいなものばかり持ち歩いているのだろう。

「お願い、下剤と浣腸買ってきて！」

が、彼女の民間療法的なものに頼る思いは信仰に近く、涼子はフラフラしながら臭い風呂に入る。風呂から上がった涼子は、明らかに体調を悪化させているにもかかわらず、

「あー気持ちよかった」と強がっている。

「大丈夫？」

再び熱をはかると、39・5度。

「絶対おかしいって！　病院行ったほうがいいって！」

だんだん目が据わってきた涼子に言うと、突然、ひらめいたように「フン詰まりだから熱が出てるんだ！　便秘が治れば熱が下がる！　お願い、下剤と浣腸買ってきて！」と騒ぎ出す。

あまりにも強硬に主張するので「本人がそこまで言うならそうなのかな」と思い、私は駅前の薬局まで自転車を走らせ、下剤と浣腸を購入。が、家に戻ると涼子はさらにぐったりしており、熱をはかると40・2度。これは絶対、アイツに違いない……。

「あんた、たかが便秘でこんだけ熱出ると思う？　病院行くよ！」

そう言うと、涼子は初めて「うん」と頷いたのだった。というか、やっと抵抗する気力を無くしたのだった。そうしてタクシーに乗せて連れていった病院で、涼子は一瞬で「インフルエンザA型」と診断された。

「インフルエンザだった☆」

涼子は苦しみの原因がはっきりしたせいか、待合室で清々しい顔で笑った。

「え、じゃあ私も感染してる？」

急に心配になってきた私が言うと、「なんか、一緒にいる人が感染しないための予防薬があるって。でも感染してないと健康保険きかないって言われたから、いらないよね？」と涼子。

「え？　いやいやいや、それ、いくらするかアンタ聞いてきてよ！」と叫ぶ私。

結局、その「感染していない人には保険きかない予防薬」なるものが診察料と薬代で1万円くらいだとわかり、泣く泣く自腹で処方してもらう。そうして二人して、薬局で出された「イナビル」という薬を吸入した。

さて、涼子はインフルエンザだということもわかったし、このままタクシーかなんかで自宅へ帰るのかと思ったら、当たり前のように私と一緒にわが家に帰宅。「あー、アンタがいてよかったー」と、すっかり看病継続モードだ。

ということで、それから数日間は涼子を寝室に隔離し、お粥を作ったりうどんを作ったり着替えさせたりと、奴隷のような日々を過ごした。予防薬の効き目がどれほどなのかもよくわからなかったので、24時間マスク着用。換気をマメにし、涼子とはタオルなども別々のものを使用。と、書くと大したことないようだが、私は数日後に某テレビ番組のスタジオ収録とナレーション収録を控えた身。スケジュールは絶対に動かせない。涼子に「なんか私が汚いみたいでひどーい」と言われながら、常に家中のものをアルコール消毒しまくった。そうして数日後、すっかり治った涼子は、「いろいろありがとー。

じゃ、私、仕事あるからまたね！」と爽やかにお帰りになったのだった。

涼子が帰った後、緊張が解けた私はしばらく体調を崩したものの、インフルエンザではなかったので安心した。後日、涼子に焼き肉を奢ってもらったので、いつもよりいい肉を食べてやった。

看取ってくれる人はいますか？

この経験を通して、いろいろと考えた。私も一人暮らし。もしインフルエンザになった場合、果たして看病してくれる人がいるだろうか。いや、インフルエンザだったらまだいい。もっと深刻な病気になった場合……。というか、それよりも老後……。このまま女一人、老いてゆくことを考えると、不安なんて言葉では言い表せないほどのリアルな恐怖がひたひたと足元に押し寄せる。

そんなことにおびえていた頃、あるアンケート結果を知った。16年2月21日の朝日新聞フォーラム「最期の医療」という記事において、「人生の最期をみとってくれる人がいますか」という質問に、「はい」と答えたのが869回答中643回答、「いいえ」と答えたのが226回答。頭が悪いのでパーセンテージが計算できないのだが、グラフの比率で見ると75％くらいが「はい」と答えているではないか。

そんなにみんな、看取ってくれる人がいるのか。というか、「この人は自分を看取ってくれるはず」という確信を持てるってだけで、なんだか「正しい人生を送ってきた」という気がする。看取ってくれる人として思い描いたのは、おそらく子どもが多いだろう。配偶者だったら、どっちが先に死ぬかなんてわからない。しかし私には、子どももいなければ配偶者もいない。なんの役にも立たない猫が二匹いるだけだ。「巻き込み事故」みたいな「友人のインフルエンザ強制看病」から、なんだか人生がとっても不安になったこの冬。

とりあえず、今度私が体調を崩したら、涼子のうちに押しかけて看病してもらおうと思う。そんなふうに女友達と「迷惑マイレージ」を貯めたり使ったりしていけば、なんとなく老後の不安も薄れる気がしないでもない。

「迷惑マイレージ」を貯めて孤独死に備える

年間3万人が「孤独死」する時代

最近、女友達と三人で会う機会があった。もう20年近く前、物書きになる前にキャバクラで働いていたのだが、その時の同僚と飲んだのだ。

真由子ちゃん（仮名）はデキ婚で5歳の子を持つ30代。もう一人の奈美子ちゃん（仮名）はバリバリ働く40代、独身、一人暮らし。そうして私はアラフォー、同じく独身、一人暮らし。キャバ嬢だった頃の私たちの話題は、「好きな人ができた」とか「彼氏がカッコいい」とか、なんだか浮ついたものだった。しかし、30代、40代となった今、女三人で火鍋をつつきながら語るのは、「老後に入る老人ホーム」。口火を切ったのは奈美子ちゃんで、すでにそんな計画を立てているという。

一方、子持ちの真由子ちゃんは、そのあたりにはなんとなく余裕が見られ、「そうだよね、老人ホーム、重要だよね……」と、真顔で頷く私ほどには、話にのってこない。ちなみに夫と別居中で、姑との仲も険悪な彼女が嘆くのは、「あいつの家の墓にだけは入りたくない！」という、現世が終わってからも続く切実な問題だ。

フリーター時代の私を知っている数少ない友人との語らいはとても楽しかったのだが、ふと、思った。いつから私たちの話題は、「墓」とか「老人ホーム」とか、そんなものになったのだろう、と。もちろん、お互いの「コイバナ」なんかも、時に出るには出る。それなりに、時に激しく盛り上がる。しかし、最終的なアドバイスは「老後の楽しみのために、今のうちに二人の写真をたくさん撮っておけ」など、すでに照準が「老後」に合わせられているところが切ないと言えば切ない。

女友達とそんな会話を繰り広げている女子は、きっとたくさんいるはずだ。そうして、おそらく30代にもなると、女同士、話題にのぼるのは「孤独死」ではないだろうか？

年間3万人とも言われる孤独死。一日で、100人近くが誰にも看取られずに亡くなっている計算だ。「私は結婚してるから、子どもがいるから大丈夫」と余裕をかましてる人もいるかもしれない。しかし、2015年の国勢調査によると、現在の日本でもっとも多い世帯は単身世帯（単独世帯）で、全体の34・6％。その約3割が、65歳以上なのだ。単身世帯は増加の一途をたどっており、高齢化が進む中、私たちが「老後」を迎える頃には、「一人暮らしのお年寄り」はおそらくもっと増えているはずである。その上、女性のほうが平均寿命が長い。ということは、結婚してようがなんだろうが、この国の女性は晩年を一人で生きる確率が非常に高いのである。

自立とは、「ＨＥＬＰ」と言えること

そんな世相を反映するように、最近では、親にまで孤独死を心配されている。すでに「彼氏はいないの？」系の心配はされず、しかも心配の仕方が「娘の老後の孤独死」ではなく、「今、まさに孤独死しているのではないか」と、気をもまれているのだ。

確かに、最近では30代、40代の孤独死も増えていると聞くものの、バタバタしていて数日電話に出られなかったりするだけで、留守電に「死んでるんじゃないかと心配してるから電話をよこせ」などと、本当に死んでたら到底不可能な要求が吹き込まれていたりする。慌てて電話すると、「もし、今日も連絡取れなかったら、上京しようと思って荷造りしてた」などの仰天発言が返ってくる。ちなみに私の実家は北海道。いっそのこと、「ポットを使ったらその情報が子どもの携帯に届き、親の安否が確認できる」系の「高齢者見守り商品」的なものを導入しようかとも検討してみたが、なんとなく、私のどうでもいいプライドが許さない。

2

女子たちのリアルな日常

結果として、「親が私の生存確認をするツール」となったのが、ツイッターだ。「とりあえずここ見てたら、電話通じなくても私が生きてるかどうかわかるから」と、親のパソコンで私のツイッターが見られるように設定。別につぶやくことなどなくても、「あ、おかんにまた孤独死の心配される」と思うと、どうでもいいことをつぶやく日々だ。

たまに思う。親が死んだら、私が「孤独死してるのでは」と本気で心配してくれる人などいないのだ、と。その上、こっちは物書きという職業柄、どこかに出勤するわけでもなく、基本的には家で原稿を書く毎日。「出勤しないから心配して、同僚が家に様子を見に行くと死んでいた」系の早期発見のされ方はまずない。仕事上の付き合いがある人で、家を訪ねてくるほど親しい人もいないし、プライベートな付き合いの人でも、ごくごく限られた人しか自分の部屋に招いたことはない。もちろん、同じマンションの住民との付き合いは皆無。深夜、一人の部屋で体調が悪くなったりすると、「孤独死」とセットで浮かぶ言葉はもはや「腐乱死体」だ。最近では、「部屋にセンサーを設置し、住人の生体反応がなくなったら自動的にどこかに通報してくれるようなシステム」の開発を望んでいるくらいである。

そんなふうにリアルに孤独死を心配していたのだが、最近、ある女友達が徒歩3分の場所に引っ越してきた。彼女もやはり、一人暮らし。特に孤独死におびえる様子のない5歳ほど年下の彼女に、私は延々と「孤独死は若くてもあり得ること」「腐乱死体の悲惨さ」「一日にどれほどの人が孤独死しているか」などを語り、恐怖心を植えつけることに成功。すっかりビビった彼女と、「孤独死防止協定」を締結するに至ったのである。

まぁ具体的には、ご近所なので一緒に飲んだり、マメに連絡を取ったり、はたまたどっちかが風邪引いたりしたら看病し合おう、というようなものである。が、実は、こういう「ちょっとした迷惑をかけ合える関係」こそが重要だと思うのだ。普段から迷惑をかけ合っていれば、本気で大変な時に頼ることができる。こっちも迷惑かけられていればいるほど言いやすい。お互いに「迷惑マイレージ」を貯めること。それこそが、きっと孤独死の防止に役立つのだ。

私の好きな言葉に、こんなものがある。それは〈自立とは、「HELP!」といえる能力のことだ〉というもの。元朝日新聞記者で、女性問題や労働問題の著作を多く手がける竹信三恵子さんの『ミボージン日記』（10年、岩波書店）の言葉だ。この言葉に、私はどれほど救われただろう。

ちょっとした迷惑をかけ合うこと。「助けて」と言えること。実は、それって当たり前の人間関係のあり方だ。だから、きっと遠慮することはない。私が誰かに迷惑をかければかけるほど、その人は私に「助けて」と言いやすくなる。だから思う存分、迷惑をかけてやろう。ということで、女子が生きていく上で大切にすべきは、やはり女友達なのだ、と再確認したのであった。

アラフォー世代、おひとり女子のリアル

とにかくいつも金欠な彼女

先日、女友達の桃子（仮名）と飲んだ。店先で大量の煙を出しながら焼き鳥を焼いていて、店の外には丸椅子とビールケースを重ねただけのテーブルが置いてあるような、そんな店で二人、火鍋をつつきつつ酒を飲み語らった。

桃子は30代、私は40代。ともに一人暮らし。もう定番なのだが、話題はやっぱり「孤独死」だ。しかし、桃子の状況には進展があった。最近、フットサルのサークルというか、グループというか、そういうのに入ろうと目論《もくろ》んでいるらしい。が、本人いわく「フットサルなんか1ミリも興味ないし、大体、フットサルやってるような奴らなんかリア充に決まってるから大嫌い」なのだという。それなのになぜ？　そう問うと、彼女

は友人女子の身に起きた「奇跡」を話してくれた。

なんでも、東京都内を走るマラソン同好会みたいな社会人サークルに入ったところ、それまで男運が悪く、ことごとくうまくいかなかったその女子に素敵な彼氏ができたのだという。

「だからもう、そういう社会人サークルみたいのに入るしかないんですよ！」

そう力説するも、そのサークルのメンバーのたまり場みたいになっているというバーに行ってみたところ、「リア充感が半端なくて」足を踏み入れることさえできず、そのまま引き返してきたというから、社会人サークルへの道のりはまだまだ長そうだ。

「それにどうせそんなとこ行ったって、若くて可愛い子がたくさんいるに決まってるから、『なんだよこのクソババア』って目で見られるに決まってるんですよ！」

そこまで断定しながらも、出会いのため社会人サークルへの参加を目論む。なんだかそんな桃子の姿を見ていると、「やはり私もなんかサークルとか、そういうのに入ったほうがいいのだろうか？」と余計なことを考えてしまい、そんな迷いを打ち消すように桃子をカラオケに誘って朝まで歌って、その日は「孤独死の不安」の忘却に成功。が、それは先延ばしに成功しただけで、根本的な不安は消えない。ということで、「それならば先人の知恵を借りよう」と思いつき、今さらながら、上野千鶴子さんの著書『おひとりさまの老後』（２０１１年、文春文庫）を読んだのであった。

2

女子たちのリアルな日常

上野さんの本は、今までも何冊か読んだことがあり、またシンポジウムでご一緒させていただいた経験もある。文章にも発言にも、いつも勇気づけられ、常に新たな「知」の扉を開いてくれる、とても尊敬する人である。

そんな上野さんが、「おひとりさま」について述べてくれるのだ。きっと私や桃子の不安を、鮮やかに解消してくれるだろう――。そう思って読み進めていくうちに、何か「超えられない壁」のようなものにぶち当たったのであった。それはあまり好きな言葉ではないが、「世代間格差」というやつである。

例えばこんな記述に、アラフォーで団塊ジュニアの私は、軽く打ちのめされてしまう。

〈わたしの世代である団塊世代の持ち家率は8割を超える〉

〈高齢社会をよくする女性の会が2002年に会員を対象に実施したアンケート調査によれば、「自分名義の不動産がありますか?」という問いに「イエス」と答えたひとが約7割。対象となった会員は平均よりやや経済階層が高いかもしれないが、とびぬけてリッチなひとたちばかりではない。高齢女性の7割に自分名義の不動産があるというデータは心強い〉

〈非婚のおひとりさまでも、働きつづけていれば、自分名義の不動産のひとつくらいはあるだろう〉

そんな言葉たちを読みながら、私は桃子との会話を思い出していた。とにかくいつもお金がない彼女は、給料日前になると「1日100円生活」をよくしている。そんな時の心強い味方は、なんといっても「もやし」。しかし、夜、仕事帰りにスーパーに寄ると、すでにもやしが売り切れていることが多いのだという。

「だから私この前、もやし買うために雨の中、スーパーを3軒くらいハシゴしたんですよ！　で、なんとか二袋ゲットして、何日か生き延びたんですよ！　とにかく、もやしがないと貧乏人は生きていけないんですよ！」

彼女のもやし料理レパートリーは異様に多い。また、光熱費なども節約に節約を重ねていて、夜、家にいる時はいつも電灯を消してテレビの明かりだけで暮らしているという。彼女の場合は飲み代などの支出があるため生活費が不足、という状況なのだが、特に何かにお金を使っているわけでもないのに、リアルに給料日前は「もやし生活」という女子は少なくない。

いつの間にか、いろんなことを諦めている

なんといっても、働く女性の半分以上が非正規雇用。そして16年の国税庁データによると、非正規雇用の人々の平均年収は172万円。非正規の女性に限ると148万円。ちなみに、単身女性の三人に一人が貧困ライン以下で生活しているというデータもある。

貧困ラインとは、月収およそ10万円以下。親元にいればいいかもしれないが、一人暮らしで家賃や食費、その他生活にかかる費用をこの金額でまかなうのは難しい。

単身女性でなく、シングルマザーに視線を転じれば、もっと厳しい状況がある。一人親世帯の貧困率は実に50・8％（15年）。シングルマザーの平均年間就労収入は200万円（16年）だ。これで自分と子どもの生活費をまかなうのは至難の業だろう。

『おひとりさまの老後』には、人間関係のセーフティーネットや「ひとりを楽しむ」術など、私たちに使えそうなノウハウもたくさん詰まっている。しかし、時に「貧困」は、人間関係の維持にも響く。友人に会うにも、飲食費や交通費がかかるからだ。だからこそ、同世代の不安定層の間ですでに「ライフスタイル」として定着しているのが、公園や駅前などでの「路上飲み」だ。私もしょっちゅう道ばたで飲んでいるが、冬は寒いので「路上飲み」しかできない人たちとは疎遠になってしまうという弱点がある。寒くなると、春まで会えないという「季節モノ」の友人になってしまうのだ。そんな現実が目の前にある身からすると、この本にさらっと登場する「鴨とクレソンの鍋」「シャトーマルゴー」といった言葉に、その響きだけで遠い目になってしまう。

ちなみに私が昨日、渋谷の路上で飲み食いしたのは缶ビールと駄菓子のイカフライだった。「発泡酒じゃないなんて超ぜいたく！」とみんなで盛り上がったわけだが、そんな自分たちがちょっと可哀想になってきた……。

私たちは、知らないうちにいろんなことを諦めているんだな。『おひとりさまの老後』を読んで、なんだか少し、切なくなった。

　例えば、親世代である団塊世代が当たり前に手にしている「結婚すること」だとか、「子どもを持つこと」だとか、「安定した仕事」だとか、「ローンを組んだ家」だとかを、その子ども世代の多くは手にしていないし、これからもできない可能性が高い。それはもちろん経済成長だとかいろんな偶然が重なってのことだけど、私たちの世代は、時々「持たざること」を、本人の能力のなさ、努力の足りなさ、自己責任だと責められる。特に「持っている」世代から。

　少なくとも私のまわりのいつも金欠な友人たちは、努力している。いろんな能力も持っている。だけど、たぶん彼ら・彼女らは〈不動産のひとつ〉も手にすることはないだろう。そういうことに、まったくリアリティーが持てないのだ。

　数十年後に訪れる、私たちの老後。同世代の中には、貧しさゆえに「老いる」ことさえできない人も多くいるだろう。自分の老後が一人なのか、そうでないかは誰にもわからない。だけど私たちの世代の「老後」を生き延びるノウハウを、自分たちで模索しながら作っていかなければ。そんなことを、切実に思ったのだった。

　その後、上野千鶴子さんとはまさにこのあたりのことについて語り合った『世代の痛み　団塊ジュニアから団塊への質問状』（17年、中央公論新社）という対談本を出版したので、ぜひ読んでほしい。

「若い」って、面倒だった
愛と幸福とお金と身体、その他もろもろ

風俗産業に吸い込まれていった友人たち

愛とは何か。幸福とは何か。

久々に、ものすごく久々にそんなことを真っ正面から考えている。それは鈴木涼美さんの『身体を売ったらサヨウナラ　夜のオネエサンの愛と幸福論』（２０１４年、幻冬舎）を読んだからだ。

鈴木涼美さんは、新聞記者を経て現在はフリーの文筆家。他の著書には『「ＡＶ女優」の社会学　なぜ彼女たちは饒舌に自らを語るのか』（13年、青土社）がある。慶應義塾大学卒業、東京大学大学院学際情報学部修士課程修了——と、高卒の私からすると、ほとんど「未知の世界」なほどの高学歴。そんな彼女が週刊誌で騒がれたのは14年のこと。

過去にAVに出演していたことが大きく報じられたのだ。

高学歴、新聞記者という職業、「AVに出ていた」という過去。世のオッサンたちが飛びつきそうな話である。

で、私はといえば『「AV女優」の社会学』が非常に面白いということ、そしてその著者自身にAV出演経験があるらしいということは、以前から何かで読んで知っていたので、「今さら騒ぐことなのか」と、ぼんやり思った記憶がある。

それから、半年以上。彼女が14年11月に上梓した『身体を売ったらサヨウナラ』が周囲でやたらと評判なので、このたび読んでみたところ、冒頭の「愛とは」「幸福とは」という無限の思考ループにハマってしまったというわけだ。

この本では、彼女がギャルだった頃や、キャバクラとホストクラブを行き来する〈ごみみたいな生活〉をしていた頃、そして〈昼のオネエサン〉になってからの日々などが描かれている。もっとも登場する頻度が高いのはホスト。その次は、ホストにハマって人生がおかしくなってしまう女の子たちだ。

読みながら、ある女の子——優子ちゃん（仮名）を思い出した。

20歳前後の頃、よく一緒に遊んでいた女の子。その頃の私も、今から思えば〈ごみみたいな生活〉のまっただ中にいた。18歳で「美大に行くための予備校に入る」という名目で上京したものの、主目的は「ヴィジュアル系バンドを追っかけること」。10代から深刻なバンギャ（ヴィジュアル系バンドの女性ファンの総称）だった私にとって、生まれ育った北海道を脱出して東京に行くというのは実に自然な流れで、そんな私を頼って、新高円寺駅からさらにバスに乗らなきゃいけないような辺鄙《へんぴ》でチンケな家賃6万8000円のアパートの一室に、はるばる北海道からバンギャ友達が押し寄せたのだった。

優子ちゃんはその一人で、私より一つ年下。美人でも可愛いわけでもないけれど、童顔・巨乳で、少ししゃべるだけでものすごく頭が悪いことがバレバレで、だけどとびきり明るいからかよくモテた。中卒で、家もお金も何もなく上京した彼女は、以降2、3年は東京にいたものの一度も自分の部屋を借りることはなく、常に友達や男の家を転々としていた。

東京に来たばかりの頃、私たちはライブに行きまくり、打ち上げに出まくり（当時、バンドによっては打ち上げにファンが普通に入れた）、「東京デビュー」を楽しんだ。だけど好きなバンドのライブに行って、打ち上げに行って、そして仲よくなったバンドのメンバーと遊んだりするには当然お金がかかる。「会計はバンギャ持ち」というのが暗黙のルールで、行く先は安居酒屋ばかりだったけど、私たちはいつもお金がなかった。

東京に出てきてすぐ、優子ちゃんは別の友達の家に居候するようになり、普通のバイトを始めた。確か本屋さんだったと思う。だけど、すぐに中野あたりのスナックで働くようになり、そのうちお客さんに盛大に貢がせていることが店で問題となり、そうして

2

女子たちのリアルな日常

上京して半年も経たない頃には、歌舞伎町のピンサロ嬢になっていた。そんな優子ちゃんに誘われて、私の上京だけをきっかけに東京に来た友人たちは続々と、そしてあまりにもあっさりと、風俗産業に吸い込まれていった。まるで掃除機で一気に吸引されるみたいに。

気がつけば、バンギャ友達の中で風俗で働いていないのは私だけで、ある意味、みんながそれぞれ壊れていくのを間近で見続けたことが私をとどまらせたのだと思う。優子ちゃんはあまり売れてないバンドのボーカル（だけどものすごいイケメン）と付き合うようになって、その彼によく「明日までに20万円用意しろ」とかメチャクチャなことを言われていて、やがて風俗の仕事を二つかけもちするようになった。だけどそのイケメンには、他にも貢ぐ女の子がいた。

ある日、本当に偶然、街で見かけたのだ。イケメンボーカルはスタイルがよくて可愛い女の子と歩いていて、その子は嬉しそうに「お金のことならいつでも言ってね☆」と彼にほほえみかけていた。イケメンは、媚びるでもなく爽やかに「ありがとう」と笑った。「貢ぎ」の世界について何も知らなかった私は、そんなふうに口に出して言うものなのかと、ただただ驚いていた。

そのうち優子ちゃんは、会うと目のまわりが青黒く腫れていたり、身体中にあざができていることが増えた。イケメンはＤＶ男で、だけど優子ちゃんはそんな姿になっても、せっせとピンサロとヘルスに出勤してイケメンに貢ぎ続けた。肋骨を折ったこともある。そうしてある時期からげっそりとやせ始めた。非合法なクスリにハマったからだった。

時々泊まりに来る家なき優子ちゃんは、来るたびに「お金貸して」と言うようになった。私のクローゼットの服を物色しては「お願い、これ明日貸して」と懇願した。

嫌だったけど、優子ちゃんが着ている服はいつも安物で、なんだかどうしても断ることができなかった。そうして明け方までおしゃべりして翌日起きると、彼女はテーブルの上に出しっぱなしの、少し湿気たポテトチップスを数枚かじり、私の服を着てピンサロかヘルスに出勤していくのだった。

そうするしか生きる術がなかった

お金も服も、一度も戻ってこなかった。そんな優子ちゃんを、みんなは避けるようになっていった。私も避けるようになった。気がつけば、私は美大の予備校を辞めてフリーターになっていた。ライブハウスからも足が遠ざかり、「自分が何かになる」ためにもがき始めていた。人形作家に弟子入りしたり、自らバンドを始めたりもした。そういうことを始めたら、優子ちゃんたちと会う必要がまったくなくなってしまった。

『身体を売ったらサヨウナラ』の中には、そんな、優子ちゃんみたいな女の子たちがたくさんいた。ただ愛されたくて、好きな人と一緒にいたくて、幸せになりたくて、そして刺激も欲しい女の子たち。そのためにせっせと身体を売って、いろんなものを手に入れようとしていた。

第2幕「幸福はディナーのあとで」の中に、あの頃の「高揚」を思い出すような描写があった。

〈私が夢中になったのは、関内の深夜1時以降にだけはっきり手に入る万能感だった。21年間蓄積した女としてのそれはそれは汚く愛《いと》しいエゴイズムが、毒々しい花になって私の頭のてっぺんに咲き誇っていた。私が店内を歩けば、ホスラバーの女の子たちがじろじろ見てきたし、代表のガクさんは忙しい時でも私の席に長々と座ってくれていたし、食べたいものはヘルプが関内中探してきてくれた。別にそれ自体、大してうれしいことでもないが、それでも毒と美と資本主義をつま先から心臓の奥まで体現している自分が、愉快で愉快で仕方なかった〉

ホストクラブにハマったことはないが（付き合いで一度行ったことがあるのみ）、この〈万能感〉はあの頃、〈ごみみたいな生活〉をしていた私たちのまわりにも確実に、あった。頭が悪くて安っぽい服ばかり着ている優子ちゃんと付き合い続けていたのも、彼女といると〈万能感〉が手に入りやすかったからだ。人懐っこい彼女は目当てのメンバーを誘う天才で、彼女が誘うと誰もが魔法のようについてくるのだった。そんな彼女の近くにいれば、楽しいことはいくらでも起きた。

あの頃、私は何が欲しかったのだろう。久々に、思った。たぶん、何が欲しいのかもわからなかったのだと思う。自分が何をしたいのかもわからなくて、だからこそ、がむしゃらに欲望を発動させていた。というか、そうするしか生きる術がなかった。

「愛」とかは、特にいらなかった。だけど異常に認められたかった。何をどうしてどうすれば「認められた」ことになるのかわからないけれど、とにかくあの頃の私は、誰かに認めてほしくて仕方なかった。

〈結局は私も、自分の複雑さをなめられたくなかった。それはきっと、私が嫌われるより馬鹿にされる方がイヤだと思っていたからである。愛されるよりすごいねって思われたかったからである〉

そんな彼女の言葉に、「面倒すぎた季節」の痛みがよみがえった。

では、今の私が欲しいものはなんだろう。

そう思うと、それはあの頃よりずっとシンプルで、言葉にすると陳腐だけどおそらく愛や幸福に近いもので、なんとなく、年とってよかったな……と、しみじみ思ったのだった。

あれから一度も会っていない優子ちゃんは、今、何をしているのだろう。

女地獄における比較地獄

「私はウンコ製造機なんです！」

少し前、新潟で「こわれ者の祭典」というイベントに出演した。「こわれ者の祭典」とは、摂食障害や醜形恐怖、アルコール依存症、強迫神経症などさまざまな「生きづらさ」を抱えてきた人たちが、それをどう克服してきたかを語り、パフォーマンスで表現するというイベントだ。

これだけ書くと、なんだかドロドロに暗いイベントを想像するかもしれないが、基本はお笑いイベント。引きこもり時代のどうしようもなく惨めな日々や、閉鎖病棟への入院体験、過食をやめられなくなった時の、まるで「びっくり人間」のような大食い記録などを自虐的な「ネタ」として語り、会場はいつも爆笑に包まれる。

代表は元アルコール依存で、精神科への入退院を繰り返してきたという月乃光司氏、現在は50代。彼が率いる「こわれ者」メンバーの中には、家族から暴力を受けて育ってきたという女の子もいれば、「頭が悪すぎる」という理由で「親に山に捨てられた」経験がある男性もいる。いつも女装している元暴走族メンバーもいれば、脳性麻痺を抱える男性二人組が「脳性マヒブラザーズ」という、お笑いコンビを結成していたりする。

イベントにやってくる人々も、それぞれの生きづらさを抱えている。引きこもりだったり、リストカットがやめられなかったり。そんな人たちを前に、こわれ者メンバーたちは自らの体験をあけすけに語り、笑いを取る。そして客席は時に涙に濡れる。そんなイベントが「こわれ者の祭典」。ちなみに私は、この軍団の「名誉会長」でもある。

そんな「こわれ者の祭典」が10周年を迎えるということで、記念イベントが彼らの拠点である新潟で行われた。イベントは大盛り上がりで終了し、その後、お客さんとの交流会があった。参加してくれたのは、若い女の子がほとんど。そこでみんなと話していると、一人の女の子が突然、泣き出した。摂食障害だという可愛らしい女の子は、肩を震わせながら嗚咽をこらえ、そして絞り出すように、叫んだ。

「私は、私はウンコ製造機なんです！」

一瞬、みんなぽかんとした顔をした。交流会の会場を、なんとも言えない沈黙が包んだ。しかし、次の瞬間、私は叫んでいた。

「わかる！」と。

ウンコ製造機。汚い言葉で申し訳ないが、20代の頃、私もまさに同じ言葉で自分を責め続けていたからである。当時の私はフリーターで、しょっちゅうバイトをクビになり、そのたびに自信をなくし、リストカットばかりしている上に貧乏で、未来がまったく見えなかった。自殺願望に取り憑かれ、一人暮らしの部屋に引きこもる日々。収入はないので、親からの仕送りだけが頼りの生活。こんなことじゃいけない、とわかってるのに、身体がどうにも動かない。そんな時、思うのだ。

働くこともできず、お金も稼げない私は、生きていても親に迷惑をかけるばかりで何一つ生産していない。こんな、こんな私って、「ウンコ製造機」じゃないか!!

女を追いつめる顔面偏差値問題

摂食障害の女の子は、それから泣きながらいろんなことを話してくれた。摂食障害になったきっかけは、やせたい、きれいになりたい、という気持ちから始めたダイエットだったこと。だけど一度始めてしまうと、食べることが怖くなって、何も食べられなくなってしまったこと。外に出ると、街を歩くすべての女の子たちが、自分よりきれいで可愛く見えてしまうこと。それでまた、深く落ち込んでしまうこと。

ああ、わかる……。心の底から、思った。

私自身、摂食障害になったことはないが、長らく生きづらさをこじらせてきた。その頃は、とにかく生きるのが下手で不器用な自分が嫌でたまらなくて、そんな時に外に出ると、街行く自分と同世代の女の子たちがやたらキラキラして見えて楽しそうで、私のような「生きづらさ」とは無縁に思えて、そのたびに深い自己嫌悪に陥る、という七面倒くさいことを繰り返してきた。

そこまで生きづらさをこじらせていなくても、「他の女の子と自分を比較して落ち込む」という経験は誰にでもあるはずだ。そして、少なくない女性を苦しめる摂食障害の背景には、「女の子はきれいで可愛くて細くなくちゃいけない」といったような、美醜に関わる強迫観念が横たわっている。というか、すべての女性が生まれたその瞬間から、「顔面偏差値」といった、どうしようもないものに苦しめられてきたことは誰もが認めるところだろう。

そう、女は常に、「美醜問題」に追いつめられている。常に、自分では意識していなくても、24時間365日、それは私たちにつきまとっている。

例えば、すっぴんでコンビニに行った時と、フルメイクでコンビニに行った時の店員の態度の違いなどからも、そのことを否応なく突きつけられる。同じ店員なのに、こうも変われるのか、というほどに態度が違うのだ。ちなみに私の「メイク前」「メイク後」

も、「こうも変われるのか」というほどに別人だということも付け加えておこう。これは何も「メイク後」がいいということではなく、すっぴんが、テロ級にひどいのだ。

美醜問題のトラップは、日常のいたるところに仕掛けられている。街を歩けば、テレビをつければ、自分より可愛くてきれいで細い女の子たちが山ほどいる。女性誌を開けば、完璧な肌を持つ完璧に美しいモデルが、完璧な笑顔で笑っている。女性誌を一冊読み終える頃には、「美しくなければ生きる資格などない」という、ある種暴力的な価値観に心が折れる一歩手前。女地獄における、もっともスタンダードな苦しみである。この問題への対処法を、悲しいことに私は知らない。

しかし、最近、無理やり編み出した秘策がある。それは「比較しない」ということだ。これまで生きてきて気づいたこと。それは、少なくない苦しみが、「別にしなくてもいい比較をわざわざしてしまう」ことに端を発しているということだ。以来、私はとにかく「比較地獄」にはハマらないようにしている。「地獄」も名付ければ、対処法が編み出せる。ということで、苦しみが完璧になくなるわけではないが、美醜問題でつまずきそうになったら、「比較しない、比較しない……」と、ブツブツつぶやいてみてはいかがだろうか。

必殺！困った時のフランス人

「若くなければ無価値」という暴力

「アンチエイジングという言葉はもう使わない」

2017年8月、アメリカの女性誌『Allure《アルーア》』（コンデナスト・パブリケーションズ）の編集長が、同誌のウェブサイトでそう宣言したことが世界で話題となった。「編集長からの手紙」と題された文章で、ミッシェル・リー編集長は「アンチエイジング」について述べている（以下、17年8月15日付『ハフポスト』からの引用）。

〈私たちは、「加齢とは、闘わなくてはならないもの」というメッセージを密かに助長しています。抗不安薬やアンチウイルス・ソフトウェアや、防カビスプレーのように〉

〈言葉には力があります。たとえば40歳の女性がいたとしましょう。私たちはついこう

2

女子たちのリアルな日常

言ってしまうのではないでしょうか。「彼女とても素敵だね。40歳には見えない」「彼女、中年の女性にしてはとても美しいね」。これからは、こう言ってみてはどうでしょう。「彼女、とても美しくて魅力的な人だね」〉

脱アンチエイジング宣言をした『Allure』17年9月号で表紙を飾るのは、イギリス人女優のヘレン・ミレン（当時72歳）。

「美しさは若者だけのものではない」
「年を重ねるのは悪いことではない」

ごくごく、当たり前のメッセージだ。しかし、この「当たり前」が大きく歪められているからこそ、多くの人がリー編集長のメッセージに感銘を受けたのではないだろうか。

考えてみれば、女性誌には「老い」を否定するような脅迫系広告が溢れている。
「とにかく1歳でも若く見える努力をしなければ生きる価値がない／女ではない」

多くの女性誌を貫くのは、「地球の重力に限界まで逆らえ！」というメッセージだ。そうして誌面には「若返り」を謳《うた》った高額なコスメがずらりと並ぶ。女性誌がそのようにして女性を追いつめる一方で、世間も「若くて可愛い」枠から外れた女性に多くの場合、冷たい。この国で「若くない女性」として生きていれば、誰もが一度は「女は若くないと価値がない」という暴力的な価値観に晒されたことがあるはずだ。世に溢れる広告と自らの経験から、「若さ」の呪縛にとらわれてしまう女性たち。

最近も、独身・彼氏なしのアラフォー女友達数人と話していて、まさにそんな話題になった。美香子（仮名）は30代後半で婚活中なのだが、婚活サイトで声をかけてくるのは「還暦を過ぎたバツイチ」ばかり。一方、婚活中の同世代男性はというと、20代ばかりを狙っている様子。彼女は自虐的に言う。

「もうすぐ40なのに、20代と同じアピールをしても彼氏ができるはずがない」「そんなことをしたら『ババア何やってんだ』と引かれるに決まってる」「だけど、年相応の振る舞い方がわからない」

「わかるわかる」――美香子の言葉にみんなが頷き、そうして話題はいつも「若い女にしか目が向かない日本人男性とつがいになるのは無理ではないか」というところに着地する。その次に出る台詞も大抵決まっている。「もう外国人しかいないんじゃない？」「そうそう、フランス人とか！」「だってフランス人だったら、若くなくてもひどい扱いしなさそう！」

若さのみを求める日本人男性への憤り→外国人男性は？→フランス人！

フランス人に聞いてみた

今まで、さまざまな女子会で何度も目の当たりにしてきた展開である。心の中でこっそり「必殺！　困った時のフランス人」と名付けているほどだ。が、本当にフランスではそのような「若さ至上主義」がないのだろうか。と思って私と同じ40代前半のフランス人男性の友人に聞いてみたところ、彼は日本の「若さ信仰」に大いなる不満があるそうで、「日本のアンチエイジング熱は異常！」「フランス人は若いからいいなんてちっとも思わない！」「人間には年相応の魅力がある！」「日本は変！」と熱弁をふるってくれたのだった。が、一人の意見では心細い。ということで、フランス人女性の書いた本を読んでみることにした。ジャーナリストのドラ・トーザンさんの著書で、タイトルは『フランス人は年をとるほど美しい』（15年、大和書房）。そのままズバリな、若くはない世界中の女性にとって非常に耳触りのいいタイトルである。

東京とパリを行き来しているという著者は、のっけから飛ばしまくる。何しろ「はじめに」の一行目から〈女はボルドーワインと同じ。時間を経て美味しくなる〉だ。

フランスで生まれ育ち、「年齢なんて関係ない」という価値観の中で生きてきた彼女は、日本に来た当初の戸惑いを正直に綴る。

〈パーティーにいけば「おいくつですか？」と聞かれ、新聞や雑誌の取材記事には年齢を掲載され、日本ではどこにいっても年齢、年齢、年齢……。／いったいなんなの？〉

そうして彼女は、〈フランスでは正しく年を重ねた女性が美しいとされ、モテるのです〉と書く。が、「正しく年を重ねる」って？

〈簡単よ。／自由に生きる。自分らしく生きる。我慢しない。わがままになる。いつまでも女であり続ける。美味しいものを食べる。アムール（愛）を忘れない。／たったこれだけ〉

こう聞くと、簡単そうではある。が、読み進めていけばいくほど、日本とフランスの社会的なインフラの差や意識の違いになんだか打ちのめされていくのだ。まず、余裕が違う。最低2週間のバカンス。5週間取る人もザラにいる。一方で、長期休暇など取れない日本の労働環境。そんな日本人に彼女は言うのだ。

〈でも、フランスはあれだけヴァカンスを取っていてもGDPは世界第5位です（中略）フランスの労働時間はとても短いですが、生産性は世界で2番目。／でも、長時間労働が当たり前の日本の生産性は低いのです〉

フランス人にこう言い切られてしまうと、返す言葉もない。

それ以外にも「前提」の違いが次々と浮き彫りになる。「PACS《パックス》」と呼ばれる事実婚でも子育てができる環境。出産奨励手当から子育て手当までさまざまな手当が充実し、育休手当は当然父親にも支給される。子どもが増えれば税金は安くなり、育児手当は子どもが20歳になるまで出る。母親は法律で3年間の育休が取れる上、職場に復帰したら同じポジションに戻れると定められている。育休を取らずに仕事を続ければ、ベビーシッターや保育ママの援助がある。しかも3〜5歳の子どもが通う公立の幼児学校は無料。

政府の援助はあらゆるケースが想定され、「ヨーロッパで一番手厚い」と言われている。出生率が上がるのも納得だ。そうしてカップルは、子どもがいても二人の時間を大切にし、子どもを預けてデートに出かける。週末の朝には、男性がパン屋にクロワッサンを買いに行き（その間、女性は寝て待っている）、ベッドの上でブランチするのが〈パリスタイル〉……。

かたや日本の場合はどうか。「我慢すると老化する」と題された節で、彼女は日本人女性を描写する。

〈独身時代は自分の時間を犠牲にし、やりたいことを我慢して仕事、仕事、仕事。結婚して子どもが生まれたら今度は育児に熱中。そして、ある日、夫とはセックスレスになっていることに気づき、女としての自信を失う。わたしの知っている、特に頑張っている日本人女性には多いタイプかもしれません〉

そして多くの場合、夫や彼氏は週末の朝にはクロワッサンどころか、連日の長時間労働で疲れ果て、ボロ雑巾のように寝ていることだろう。

「若さ至上主義」の影には……

著者は日本人女性が自分らしさにブレーキをかけている理由を「役割を演じてきたこ

と」に見いだす。例えば長女だったら姉の役目、結婚してからは◯◯さんの奥さん、子どもが生まれたら◯◯ちゃんのママ、孫ができれば◯◯ちゃんのおばあちゃん。
〈役割を演じ続けるだけの人生を送れば「年をとるほど、老け込む」のは当然。だって、中年のおばさん、還暦を迎えたおばあさんという歳になったら、そのように演じなければいけないのですから〉

確かに、この国では「年相応に生きろ」という圧力があらゆる場面で働いている。「◯歳になったのだからそろそろ結婚しろ」「もう◯歳なんだから年甲斐もなくそんな恰好をするな」などなど。そうして結婚したり母になったりした途端、役割以外を「捨てろ」という圧力を全方向からかけられる。この国の多くの女性が「年を重ねる」ことにポジティブなイメージを持てないのは、このあたりのことが大いに関係しているのかもしれない。だからこそ著者は、週に一度でも「役割」を脱ぎ捨てることを勧める。妻でもママでもなく、仕事からも離れた「一人の女性」。

この本を読みながら、「若さ」を称賛されることが苦痛だった20代の頃のことをふと思い出した。若い若いと言われるたびに、「お前には若さしか価値がない」と言われているようで、バカにされてる気がしたからだ。しかし、世の中では「若さこそが素晴らしい」っぽいことになってるようなので、「若いことはいいことなのだ」と無理やり思い込み、そのぶんだけ「加齢」に恐怖を感じたりもした。

だけど、その刷り込みはどこからきたのだろう。ふと考えて「若さは素晴らしい」という価値観を吹き込んだのは、主にオッサンだということに気がついた。

とにかく女性は未熟で経験値が低く、無知であることを求める多くの日本のオッサン。「こんなお店初めて」「こんなの食べるの初めて」など、「こんなの初めて」系の言葉に鼻の下をのばすオッサンの機嫌を損ねないために、無知を装うことまで学習していた若かりし日。

この国の女性がそんな不毛な努力を続け、「若くなければ無価値」という暴力に晒される一方で、未熟ではなく「成熟」が、経験値の低さより「経験値の高さ」が、そして無知より「知性」こそが女性の魅力となるフランス。こうして比較すると、日本の多くの男性（主にオッサン）は、それほどに自分に自信がないのだろうかと心配になってくる。もちろん、そうではない日本の男性もたくさん知っているが。

ということで、アメリカの女性誌の「脱アンチエイジング宣言」から考えた女性の魅力についての国際比較。

ちなみに私は20代の頃より、今のほうがずっとずっと生きやすい。自意識過剰で何がしたいのかもわからなくて、自分のことが大嫌いでとっ散らかっていた若い頃よりも、40代の今の自分のほうがよっぽど好きだ。年を重ねることって、悪いことでもなんでもなくて、私にとってはいいことだらけだ。少なくとも、20代にだけは戻りたくない。

ということを、「若くない」女性たちがもっともっと発信していくべきなのだと、改めて思ったのだった。

化粧する女、化粧する男

世を欺《あざむ》ける魔法

すっぴんを見せられない。メイクしないで外出なんてもってのほかだ。

数少ない私のすっぴん目撃者は、「詐欺だ!!」と憤慨する。それくらいの落差がある。体調が悪い日、午前中にすっぴんで病院に行き、午後にフルメイクで同じ病院に薬を取りに行った時などは、同一人物と認識されなかったこともある。

今まで考えたこともなかったが、気がつけば毎日毎日、ほぼ休むことなくしている化粧。私は化粧するのが大好きだ。それは自分のすっぴんが地味すぎるから。10代まではそんな貧相な素顔を晒して生きていたわけだが、化粧をするようになった瞬間、私の世界はがらりと変わった。

一言で言うと、他人の態度が変わったのだ。それは男性一般の態度もそうだけど、メイクは私にとって、別の意味も持っていた。私のメイクの入り口は、コスプレだったからだ。

好きなミュージシャン――ぶっちゃけるとX JAPANのYoshikiやLUNA SEAのSUGIZO――になりたい!! と熱望していた10代の頃の私は、毎日毎日穴の空くほど彼らの載った音楽雑誌を眺め、彼らの顔に少しでも近づくよう、彼らと同一化できるよう、ヴィジュアル系特有の厚化粧をしては深夜一人、悦に入っていた。可哀想な女子高生もいたものである。

使うのは比較的安いお値段の「ちふれ化粧品」。当時は今のように100円ショップにコスメなど売っていなかった。地肌より数段白いファンデーションを塗りたくり、目元にはもはや「殴られた人」みたいな紫のシャドーを親の仇のようにのせ、唇に黒い口紅などをぎっとり塗ると、鏡に映る自分は普段の地味で存在感のない自分とはまったく違った。それだけでドキドキした。それだけで、彼らに近づけた気がした。

そんな夜を繰り返す中で、私はメイクにハマっていった。メイクによって、憂いの表情や目力の強さなど、いろんなことが表現できると知ったのだ。そうしてメイクの腕を上げていった私は、学校のマラソン大会の日には「ナチュラルゾンビメイク」で登校。私の顔を見た瞬間、教師は「大丈夫か？　顔色が悪いぞ」と大会への参加を辞退するよう促した。

世を欺ける!!

それが化粧するようになった私の最初の発見だった。

同時に、ヴィジュアル系メイクを深夜の自室でするだけでは飽き足らなくなり、レースのカーテンで自作したYoshikiの衣装などを身にまとった上にフルメイクをしてコスプレ仲間と街を徘徊《はいかい》する、という活動にも打って出るようになった。そんな姿で街を歩けば、みんなが注目するのだった。

時には汚物を見るような視線の大人たちもいたけれど、それすら誇らしかった。20歳を迎える頃、気がつけば私はコスプレをしなくなり、だけどメイクはずっとしていた。その頃から、私のメイクは「女コスプレ」だった。

清楚っぽくしたり、派手にしたりするだけで、本当に面白いほどに他人の態度は変わる。そうして20代なかばでゴスロリ(ゴシック&ロリータ)ファッションを始めた途端、もっと極端に世間の態度は変わった。ゴスロリ服を着ていた十数年間、私はひたすらにモテず、一言も発語してないのに常に「不思議ちゃん」扱いされ、一度もナンパされず、宗教の勧誘やキャッチセールスにひっかかることもなく、一度たりともセクハラ被害に遭わなかった。しかし、当時でも普通の恰好をすると、ナンパされたり宗教に勧誘されたりセクハラに遭ったりしたのだ。自分の見てくれを変えることによって、バカバカしいほど鮮やかに反転する世界。それは私に「どうしようもなく信用できない世界や他人」を再確認させてくれるものだった。

「人の目より自分の肌、気にしろ」

だけど、私は化粧を落とせない。すっぴんの自分が、どれほど世間から冷たくあしらわれるか、知っているからだ。今まで付き合った男も、フルメイクとすっぴんの時では、明らかに態度が違った。フルメイクでは許されるワガママが、すっぴんだと許されない、なんてことが何度もあった。まぁ人間、そんなものである。

一方で、私は無性に「化粧をした男」が好きである。数年前まで「好みのタイプは？」と聞かれたら、「自分より細くて白くて自分より化粧が濃い男！」と即答していた。随分とストライクゾーンが狭いが、今もやっぱり、「メイクした男子」は好きだ。

といっても「その辺の男がメイクした」だけではもちろんNG。やはりヴィジュアル系バンドのミュージシャンに限るのだ。しかも最近のヴィジュアル系の進化は凄まじく、全員が全員、完璧な肌を持っている。ブログなどを見れば毎日パックをするなどお肌のお手入れに余念がなく、時々酔っぱらってメイクを落とさず寝てしまう私などは足下にも及ばないのである。

2

女子たちのリアルな日常

かなり前のことだが、そんな男子と付き合ったことがある。普段からやはり肌にかける情熱は驚くほどで、「撮影の一週間前からはお酒を一滴も飲まない」などのストイックぶり。それはそれで「すごいなー」と思っていたのだが、ちょっと引いたのは一緒に温泉に行った時のことだった。それぞれがお風呂に入ったのだが、私が部屋に戻ってもなかなか帰ってこず、「もしやのぼせて倒れているのでは?」と不安に駆られ始めたところ、彼はいつにも増してつやっつやのお肌で戻ってきた。「一体こんなに長く何してたの?」と聞くと、「パックしてた」という。男湯の、脱衣所で。

「え……」と言葉を失う私に、彼は「人の目気にするより自分の肌気にしろってことよ」という名言なんだかよくわからない台詞を吐き、またしてもお肌のお手入れを続けたのだった。

どうして「化粧する男」(普段からしていなくていい)が好きなのに、私はあの時、引いたのだろう。そしてそもそもどうして私は「化粧する男」が好きなのだろう。

たぶん、彼らも「見られる」立場として必死だからなのだ。本人の内面や人格なんか暴力的なほどに後回しで、見た目によって人気が大きく左右される世界の人々。ヴィジュアル系の世界は、「普段男がやってることを堂々と女ができる数少ない世界」でもあって、まずは見た目で徹底的に「値踏み」される。

そのために、男たちは美しく装い、きれいな色に染めた長めの髪をセットし、きらびやかな化粧でバンギャの心を掴もうとする。そしてバンギャたちは、彼らに序列をつけ、点数をつけ、時に辛辣《しんらつ》なダメ出しをする。そんな時、私の心はささやかな復讐心に似たものに震えている。ザマアミロ。どうしていつも、少しだけそんなふうに思ってしまうのだろう。どうしていつも、そんな後ろめたさを抱えながらステージを見つめているのだろう。

私は今後もずっと、化粧し続けるだろう。そして化粧をし続けている限りはずっと、「化粧する男」が好きだと思うのだ。

3 「呪い」と闘う女たち

AVで処女喪失した あの子の死

「何者か」になりたかった私たち

『１９９０年代論』（２０１７年、河出書房新社　大澤聡編）という本に、原稿を書かせていただいた。タイトル通り、１９９０年代について論じる本である。

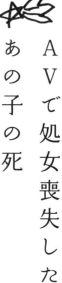

90年、私は15歳。高校１年生で、リストカットがライフワークで、ヴィジュアル系バンドが世界のすべてというバンギャだった。そして99年、私は24歳。フリーターで、東京・中野でキャバ嬢として働いていて、右翼団体に入っていた。

今思えば、恥多き10年間だった。そんな10年間にはバブル崩壊があり就職氷河期があり、阪神・淡路大震災、オウム真理教による地下鉄サリン事件、そして戦後50年があり、薬害エイズ事件をめぐる運動が盛り上がり、新しい歴史教科書をつくる会結成があり、

3

「呪い」と闘う女たち

作家の見沢知廉《ちれん》氏や漫画家の根本敬《たかし》氏が二大巨頭というサブカル全盛期があり、死体写真や違法薬物やタトゥーについての雑誌が売れたりした。

私が右翼になった経緯については、いろんなところでさんざん書き散らしているのでここでは詳しく触れないが、最近、90年代にあった重大なことを一つ忘れていたのに気がついた。なんでそのことを思い出したかというと、一年ほど前に引っ越し、その時に本棚の本がシャッフルされ、今、一番目につく場所に、この十数年間存在すら忘れていた本が鎮座しているからである。その本とは、大橋由美著の『井島ちづるはなぜ死んだか』（2002年、河出書房新社）。

井島ちづる——その存在を知る人は、どれぐらいいるだろうか。1990年代、サブカルの聖地と呼ばれるトークライブハウス「ロフトプラスワン」（東京・新宿）界隈をウロウロしていた人なら知っているかもしれない。彼女はすでにこの世にいない。99年、27歳の若さで生涯を終えた。

彼女を語る時に必ず使われる言葉は「AVで処女喪失」というものだ。彼女はそんな経歴を売りにして、90年代後半の数年、ライターとして活躍した。ロフトプラスワンにもよく出演し、半裸になって、ここではとても書けないような行為の数々をステージ上で繰り広げていた。

そんな彼女との接点が、私にはあった。『井島ちづるはなぜ死んだか』の帯には、以下のような言葉がある。

「宅八郎の妹、鈴木邦男の娘、雨宮処凛のライバルはなぜ死んだ？」

彼女と出会ったのは、私が右翼団体にいて、物書きになる二年前。本当に、ただのフリーターだった頃。ライターだった彼女に「自殺未遂者」の一人としてインタビューを受けたのだ。『井島ちづるはなぜ死んだか』には、この時のインタビューが収録されていて、取材日は98年6月15日とある。私が23歳の頃だ。

彼女のことは、インタビューを受ける前から知っていた。当時、ロフトプラスワンに通いまくっていた私にとって、3歳年上の彼女は「有名人」だったからだ。その頃の私は、とにかく「何者か」になりたくてなりたくて仕方なくて、彼女に激しく嫉妬していた。AVで処女を喪失してライターデビュー、時々ロフトプラスワンに出演し、半裸で振り切ったパフォーマンスだかなんだかわからないことをやっている（やらされている）女性。今考えたら、一つひとつが全然羨ましくないキーワードだ。だけどそんな彼女に嫉妬するくらい、私には何もなかった。

何のイベントだったか忘れたが、彼女がある日、舞台上で「自殺未遂者にインタビューをしたくてその対象を探している」という話をした。私は客席にいた一人だった。その日、イベント後に電話番号を交換したのか、私から電話したのか、彼女から電話がきたのかは覚えていない。だけど私は彼女に「インタビューを受けたい」と告げたのだ。

どうしてか。彼女に好感を持っていたわけではない。嫉妬はしていたけれど、痛々しさも存分に感じていた。ではなぜわざわざインタビュー対象者として立候補したかというと、とにかく「有名」になりたかったからである。

今思えば、そんなことで有名になどなれるはずないのに、自分の自殺未遂ネタを、AVで処女を喪失したという半裸のライターに取材してくれと頼むほど、私は切羽詰まっていた。人生に。

彼女と過ごした一日の記憶

そうしてインタビュー当日、都内の駅で夕方近くに待ち合わせた彼女は、一人ではなく女友達を伴って現れた。

「え、これから自殺未遂っていうものすごくデリケートな話をするのに、友達連れ？」

私はまず、そのことに面食らった。あなたが「AVで処女喪失」という振り切り方をして、ロフトプラスワンで半裸になって、なりふり構わず「私を見て！　とにかくどんな方法でもいいから私を認めて！」と叫んでいるように見えたから、私は自分の最大の恥である自殺未遂のことを話してもいいかと思ったのに、友達と一緒なんて……。

なんだか、バカにされてる気がした。自殺未遂したなんて女の顔、一緒に見てやろうよ、みたいな感じで呼ばれた友達なのかと思ったから。

軽く傷つく私に一切気づく様子はなく、彼女は「友達～」となんの悪気もなく紹介すると、自分の部屋で取材するからとマクドナルドに当たり前のように寄った。そこで三人分のセットメニューを買い、そこから延々と、本当にうんざりするほど歩いて歩いて彼女の部屋に着いた。

彼女のアパートは1階で、私のアパートの部屋と同じように駅からクソ遠く、狭くて暗くて陽当たりは悪くて、ユニットバスだった。買ってきたマックを三人で食べて、それからインタビューになったけれど、私はどうして彼女の友達がいるのか、なんで全然知らないその友達の前で自分の恥部を話さなきゃいけないのか、それがまったく納得できなくて、だけど「どうしてこの人がいるんですか」「二人だと思ったから話そうと思ったんですけど」なんて抗議する勇気も当然なくて、少し不機嫌な感じでインタビューに応じた。

今でも思う。井島さん、あなたを信じて「インタビューに応じてもいい」って言った人の取材に、友達連れてきちゃいけないよって。だけど私の不機嫌さにまったく気づく様子のない彼女は終始ハイテンションで、なんだか自分の友達と私に仲よくなってもらいたがってるようだと気づいたのは、取材が終わってからだった。話してみると、友達はいい人だった。

そうして取材を終えてからも、私たち三人は井島さんの部屋でだらだらとおしゃべりしていた。私も井島さんも彼女の友達も等しく鶴見済著『完全自殺マニュアル』（93年、太田出版）とか、『別冊宝島』（宝島社／93年まではＪＩＣＣ出版局）とかが好きな「クソサブカル女」で、話が合わないはずはなかった。だけど三人とも等しく「サブカル知識だけがアイデンティティー」みたいなクソサブカル女だから、会話は時々「自分のほうがこのジャンルについては知識がある」みたいな競争になって、和気あいあいとした感じではなかった。

彼女の部屋の本棚には、入手困難といわれていた『家畜人ヤプー』（56～58年に発表された沼正三のＳＦ小説。グロテスクな描写が話題となった）の漫画版があって、思わず「すごい！これ、現物初めて見た！」とクソサブカル女にとって最高級の賛辞を口にすると、彼女はあっさりと「あげる」と言って私にくれた。

「いいよ、貰うんじゃなくて借りるから、返すよ」

何度そう言っても、彼女は頑《かたくな》に「あげる」と言い張って、それからなんとなく、彼女が処女を喪失したＡＶをみんなで観ようかという話になった。私はそのＡＶを観たことなんてもちろんなくて、激しく観てみたいと思ったけれど「別にどっちでもいいや」って顔をしていた。そうしたら「やっぱりやめよう」ということになって、内心がっかりした。そうして大分夜も更けた頃、私は彼女の部屋を後にした。

突然の訃報

それが、彼女と過ごしたたった一日の記憶。それから一年と数カ月後、彼女は自宅で遺体となって発見された。

訃報を聞いたのは、右翼団体の街宣の日だった。一緒にいた作家の見沢知廉氏（「生きづらいんだったら革命家になるしかない」と私を右翼団体にブチ込んだ張本人。当時、さまざまなサブカル雑誌に連載を持つ「売れっ子」だった）は、「なんて人生なんだ……」と言って絶句した。私も同じ思いだった。彼女の人生なんて何も知らないのに、「AVで処女喪失」というキーワードだけで、私たちはそんな反応をした。

彼女の死は、もちろんショックだった。だけど、どこかで「やっぱり……」という思いもあった。彼女が死にたがってるのは、なんとなくわかっていたから。「AVで処女喪失」も、その後の振り切ったパフォーマンスも、生きづらさをこじらせまくった果てのものに見えていたから。その時に、漠然と思った。私、右翼に入ってなかったら死んでたな、と。

当時の私は中野のキャバ嬢でしかなくて、「右翼」という肩書きだけが、かろうじて私を生かしているようなものだった。何かになりたくてたまらなくて「右翼になった」

なんて、今思うと極端すぎる上に、可哀想な選択肢だと思う。だけど、私を必要としてくれる場が、マトモな命の使い道を提示してくれる何かが、喉から手が出るほど欲しかった。

彼女も、似たようなものだったと思う。似ているから、自分を見ているようで嫌いで、「自分もそうなってたかも」「あそこまでするしかないのか」と焦燥感に駆られる存在で、気になって仕方なかった人。彼女が出した本だって、発売されてすぐに買って読んでいた。面白かった。文章もうまかった。だけどロフトプラスワンのステージ上で彼女に求められるのは「何でもするAV企画女優」みたいなことばっかりで、痛々しくて見ていられなかった。

そうして、「AVで処女を喪失する」ことで何者かになりかけていた井島ちづるは死んだ。さんざん消費されて、たぶんいろんな人に傷つけられて。死因はよくわからない。オーバードーズ（過剰服薬）なのかな、とぼんやり思っていたけれど、真相はいまだ闇の中だ。

1990年代〜2000年代初めにかけて、私のまわりでは、そんなふうに死にたがってる人たちが、あまりにもあっさりと命を落とすことがよくあった。バブルが崩壊して急速に不況となり、就職氷河期の嵐の中、生存競争は過酷になり、心を病む若者が急増し始めた頃。社会不安は増大し、多くの若者たちが「これからどう生きていけばいいのか」さっぱりわからなくて、だけど自分を責めることしかできなかった90年代。そこに「自分探し」的なものも絡んで、命を落とす人が少なくなかった。

彼女の死からほどなくして、私に本の出版の話が舞い込んできた。この話を逃したら死ぬ。そう思い、必死で書いて一冊目の本を出し、25歳でデビューとなった。それから5年後、私の師匠である見沢知廉氏はマンションから飛び降りて死んだ。

27歳で死んだ井島さんが生きていたら、もう45歳。本棚の一番目立つ場所に現れた「あの頃」が詰まった本を見ながら、「生き延びたのだ」という事実を今、噛み締めている。

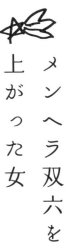

メンヘラ双六を上がった女

飛び降り自殺未遂者のY子さん

「私、昔、東急プラザの屋上から飛び降りようとして、その時のことが新聞記事になったので、今度その記事持っていきますね」

メールに書かれたそんな文章を、思わず読み飛ばしてしまいそうになった。まるで「美味しいスイーツ発見したので、今度持っていきますね」くらいの気軽さだったからだ。え、東急プラザって、少し前に閉館した、あの渋谷駅前の9階建てのビル？　あそこから飛び降りようとしたって、自殺しようとしたってこと？

唐突に、私の日常を大混乱させたメールの送り主はS川Y子さん。40歳。以前から私のイベントなどに来てくれていて、最近、ある会でご一緒してからよく連絡を取り合うようになったのだ。そんな彼女がメンヘラ（さまざまな生きづらさや精神的な問題を抱えた人の総称）だということは、話の端々から伝わってきた。そして重度のサブカル好きだということも。

私ももともと10代、20代はバリバリのメンヘラとして過ごし、また長らくサブカル好きという病みたいなものを患っているため、Y子さんは雑誌『ガロ』系漫画のことだとか自殺した漫画家・山田花子の話とか、今となってはあまり語り合える人のいないジャンルについて語り合える貴重な人となっていたのである。

Y子さんは、サブカルだけでなく、文学や芸術全般について幅広い知識を持つ才女だ。そしていつも礼儀正しく、言葉づかいが美しい。パッと見て「いいとこのお嬢様」に見えるため、「飛び降り自殺未遂の過去がある」なんて誰も思わないだろう。

そんな彼女に今回取材を申し込んだのだが、それには理由がある。今のY子さんが「幸せ」と断言するからだ。いろいろと生きづらさをこじらせて、東急プラザの屋上から飛び降りようとまでして、その後精神科に入院したりしたものの、40歳の今「幸せ」と断言できる理由はなんなのか。そこに強く惹かれるのにも、やはり深い理由がある。

それは私自身がメンヘラだった20代の頃、まわりのメンヘラ友人知人たちが、次々と自殺という形で命を落としていったからだ。また、２００３年頃には「ネット心中」が「流行」し、顔見知りが山奥のレンタカーの中から白骨化した遺体で発見された、なんて話も身近にあった。

私はずっと、勝手な罪悪感を持っていた。今から十数年前の２０００年前後、ちょうどインターネットが登場して「自傷系サイト」などで多くのメンヘラたちがオフ会などで出会い、交流を深めていた頃。私も「生きづらさ」を抱える一人としてそこにいた。

話題はリストカットやオーバードーズや精神科で処方される薬のことばかりで、みんなが「死にたい」と言いながらも、きっと「生きる方法」を探していた。だけど、そんな方法は皆目わからなかった。私自身もみんなと同じようにフリーターで何者でもなくて、こんなに苦しい自分を「わかってほしい」という傲慢な欲望に取り憑かれていた。自分が誰にもどこにも必要とされていないことが、苦しくて仕方なかった。

結局、私は25歳で物書きになった。それも、自傷的生き方がある意味で「評価」されてのことだった。本気で自分の命などどうでもいいと思っていた私は、リストカットなどでは飽き足らず、なかば自傷の延長のような形で右翼団体に入ったり、北朝鮮やイラクに行ったりしていた。そうしたら、「何か書いてみないか」という形で仕事が入り始めたのだ。

今思っても、首の皮一枚でつながったのだと思う。あの時、「書く」という仕事を得ていなかったら、私は自分が生きられているイメージがまったくないのだ。

そうして私が一冊目の本を出した２０００年頃、そしてそれ以降も、まわりの「メンヘラ」と言われる人々（多くが同世代の女性だった）が、自ら命を絶っていった。今思い出しても、20代のお葬式にはもう行きたくないと切実に思う。

あれから、十数年。40代になった今、思う。働けなかったり、うつだったり、生きることに不器用だったり、そんな自分を責めて、生きていることが迷惑だって亡くなっていった彼女ら、彼らは、もしかしたらほんのちょっとのきっかけで生きていられたのではないか、と。そして時々、あのメンヘラ地獄とでも言うべき状況の中、奇跡のような偶然が重なって物書きとなり、随分図々しく生きている自分に勝手な罪悪感が込み上げるのだ。

だから私は、同世代でメンヘラのY子さんが、今「幸せ」ということに俄然興味が湧いた。彼女はどうやって「生還」し、幸せを掴んだのか。

「メンヘラシンデレラストーリー」と自ら語る彼女に、じっくり話を聞いた。

「私が生きてると迷惑」

それではまず、時計の針を１９９９年に戻そう。この年の4月、22歳だったY子さんは東急プラザの屋上の柵を乗り越え、おそらくもっとも「天国に近い場所」にいた。

当時の彼女は「何しろ狂ってる」状態だったそうで、記憶は断片的だ。振り返ってもらうと、いろんなことが重なっていた。「自己の最高傑作」と言えるほどの大学の卒論（テーマを聞くと、それだけでおかしくなりそうな難解なものだった）を執筆し終わり、「卒論ハイ」状態だった。数年間付き合った彼氏と別れ、新しい彼氏ができたりとゴタゴタしていた。飛び降りようとする数日前には突然「沖縄に行かなきゃ！」という衝動が起こり、元彼を訪ねて沖縄に行っていた。が、食べられなくなり、しゃべれなくなり、「なんか変」になっていた。そうして東京に戻り、一人暮らしの部屋に荷物を置くとタクシーに乗り、向かった先が東急プラザ。タクシーのメーターが数千円になるのを見つめながら、「ああ、この額だったら実家帰れるのに帰らないんだなー」と他人事のように思っていたという。

そうして屋上に上り、柵を越える。ビルの縁に座り、足を宙にブラブラさせていると、気づいた向かいのビルの人が、窓から「やめてー！」と叫び出す。下を見ると、通行人。「当たったらヤバイぞ」と思った彼女は、力の限りに叫んだという。しかも、笑顔で。

「落ちますよー！　どいてくださーい！」

ワラワラと集まってくる通行人。屋上にいる彼女からは、地上で「やめろ、やめろ」と叫ぶ人々が「えのき茸」のように見えたという。彼女はその時の心境を語った。

「やめろって言ってても、こいつら私が飛び降りたら、どうせ人に自慢して話すんでしょ」

そうしているうちに、パトカーが到着。警察官が三人ほどやってきて、彼女は年配の警察官にガシッと抱きとめられた。
「入院させてください、もうだめです私、入院させてください」
この「飛び降り騒動」の中、唯一彼女が「死にそうな顔」になった瞬間だという。あとはずっと、笑顔だった。警察官に連れられて屋上から1階に降り、パトカーに乗せられる時も、彼女は集まった野次馬たちに「お騒がせしましたー」と笑顔で手を振っている。のちに彼女を助けた警察官は、新聞記事で以下のように語っているという。
「死神っていうのはいるんだね」（警察官）
「なぜそう思うんですか？」（新聞記者）
「現場の匂いだね」（警察官）
なんだか文学的な台詞だ。それがどんな匂いだったのか、Y子さんにもいまだにわからない。
さて、そうして彼女は警察署で「腫れ物に触るような」取り調べを受け、都内の精神科に送られる。その後、実家のある県の精神科病棟に入院。が、ほどなく外泊許可が出て実家に戻った際、事件が起きる。
ワイドショーを見ていた時だった。画面にはいろいろヤバかった時期の「ともちゃん」こと華原朋美氏が映し出されていた。馬に乗り、「バーテンダーにプロポーズされた」ことなどをウツロな目で語るともちゃんを見ていて、「危ない、このままだと、ともちゃん死んじゃう」と思ったところから記憶がない。気がついたら、病院のベッドの上だった。

あとで母に聞くと、風呂場で首を吊っていたのだという。顔はすでにうっ血して血豆のようなものができ、発見した母親（看護師の資格を持っている）に人工呼吸を施されて救急車に乗せられたのだった。

「その時、死にたいとかは思ってないんですけど、働いてないし、なのに病院代ばっか使って、東京の家賃も親に払ってもらって。自殺したら迷惑かけるって言いますけど、私が生きてると迷惑ってなっちゃって」

このあたりに、彼女の生きづらさの根がありそうだ。話を聞いていると、幼少期から成績優秀で「人に迷惑をかけない」子どもだったことがうかがえる。大学の頃も、軍服パブなどで働きつつ奨学金をもらい、優秀な成績をキープしていたという。

「今思うと、その頃の私、苦学生でいい子じゃんって思うんですよね。でも、人に迷惑かけずに生きていこうってやってると、こうやって大迷惑かけることになるんですよ」

その後、再び入院生活が始まる。よかったのは、年の近い三人の女性患者と仲よくなったことだ。言葉を失ったような状態であったのが、三人とは話せるようになる。

「その三人とは、今も女子会してます。あの時、この四人が揃ったの奇跡だよねって今も話してます」

そうして「患者同士」というゆるいコミュニティーを得た彼女は少しずつ回復、退院となる。同時に、Y子さんには障害者2級の手帳が発行された。

「今は3級なんですが、2級はもっと重いんです。それがすごくショックで。じゃあ『2級の女』になろうと思って、英検2級持ってたので、漢字検定2級も取っちゃいました」

彼女には、自らの人生に起こることをすべてネタにするという類《たぐい》まれなる才能がある。

結婚相談所に登録

さて、退院した彼女はまだ20代前半。実家に住みつつ精神科に通院し、バイトを始めた。書店員や販売員、派遣、コンパニオン、ホテルフロントなどさまざまな仕事についてきた。いづらくなって辞めたこともあれば、大事にしてくれた職場もあった。

そうして35歳。とうとう転機が訪れる。メンヘラ事情や飛び降り騒動を知らない友人の誘いで結婚相談所に登録したのだ。

「うちら年齢的に崖っぷちだよねって、三人くらいで入ったんです」

Y子さんが「相手に求める条件」として出したのが、「年収300万円以上」「身長

165センチ以上」「年齢制限なし」。NGなのはギャンブルと喫煙、一人暮らし経験がないこと。そうして結婚相談所で三番目に出会った人と、37歳で結婚したのである。メンヘラ人生急展開だ。

「どうですか結婚生活」と問うと、満面の笑みで「4年目になるのにラブラブですよ！」という答えが返ってきた。夫は11歳年上で、ある大企業の正社員。専業主婦となったY子さんは、「労働がいかに私を蝕《むしば》んでいたか、専業主婦になって初めてわかりました」としみじみとつぶやいた。「それに、自分をクビにしない共同体は初めてです」。婚家との関係も良好な様子である。

ただただ驚いていた。「結婚相談所で出会った人と結婚して、ここまで幸せになった人」と初めて出会ったからだ。いったいどういう奇跡？　っていうか、お互い条件出し合うからここまでうまくいくの？

もちろん、今の夫を選んだ決め手の一つに、「条件がメチャクチャいい」ということもあるという。が、もっと大きな決め手は、「男の汗とか匂いが大嫌い」なY子さんに、「この人の汗なら拭いてあげたい」と思わせたことだった。デートで一緒にハンバーグを食べていた時、大汗をかく彼の姿を見てそう思ったのだという。確かに夫の写真を見ると、爽やかな人で「おじさん」ぽさはない。身長は179センチだという。結婚相談所に、こんな好物件が隠れていたとは……。しかも彼も初婚。彼はY子さんに「一目惚れ」だったとのこと。

しかし、ここで「精神障害者って知れたら」という悩みが浮上する。カミングアウトしたのは、初めて相手の家でおうちデートをした日。食事を終え、なんとなくいい雰囲気になり「結婚してください」とプロポーズされた時だった。「今だ！」と思い、すかさず彼を足で蟹ばさみにしたY子さんは病気の話をした。

「私はちょっと脳に欠陥がありまして、虚言癖とか妄想癖とかはないんだけど、たまにぐったりしちゃうのと、月に一回通院して毎日薬飲まなきゃいけないんですけどいいですか？」

彼の返事は「いいよ」。そうしてその日、Y子さんは初めて彼の家にお泊まりした。

「男は蟹ばさみで落とせ」とは、この日一番のY子さんの名言である。その後、両家の親への挨拶などを終え、Y子さんが彼を連れていったのは信頼している主治医のもと。

「先生、この人と結婚します。私の取扱説明書的なことを彼に言ってください」と言うと、主治医は「彼女、こんな感じで大丈夫なんだけど、ゆっくりさせてあげて」と述べたという。

「暗に『働かせるな』みたいに言ってくれたんです」

そうして37歳でY子さんは結婚。

「メンヘラ双六上がりですよ！」とは彼女の言葉だ。

「墓場があるなんて素晴らしい」

なんだか私は、胸が熱くなっていた。彼女は友人に、この結婚を「平成の下克上」と言われたという。東急プラザから飛び降りようとして新聞沙汰になり、首吊り自殺未遂もして、精神科に入院した彼女は、今、専業主婦という堂々たる立場を築いたのだ。しかも夫が、奇跡のようにいい人なのである。もちろん、話を聞いていると、主婦として彼女が日々さまざまな努力をしていることが伝わってくる。メンヘラ女子にありがちと言われる「私をすべて受け入れて」系のことは一切しない。というか、今までの彼氏などにもしなかったそうだ。

「それって豚の丸焼き全部食べろってのと同じですよね。あなたの好きな部位を切り分けて差し上げます、と思ってる」

なんだかとても含蓄《がんちく》のある言葉だ。ちなみにこの話を私のまわりの独身女子（特にメンヘラではない）にすると、全員がすごい勢いで食いついてきたのには驚いた。「すごい参考になる！」「羨ましい！」「私も結婚相談所に登録したい！」

現在は特にメンヘラでなくとも、多くの女子が将来に不安を抱いている。このまま仕事を続けられるのか。今の家賃を払い続けられるのか。親の介護が始まってしまったら。

自分が病気になったら。将来は孤独死か野たれ死にか……。アラフォー単身女子が集まると、絶望的なキーワードしか出てこない。

この日、Y子さんが晴れがましい顔で言った言葉が、やけに印象に残っている。

「よく、結婚って〝人生の墓場〟って言うけど、墓場があるなんて素晴らしい。野ざらしの死体になるところでした」

この人の言葉は常に的確だ。そんなY子さんから、悩める女子たちへのメッセージをいただいた。

「死にかけたからこそ、あの時死ななくてよかったって思える。この喜びは、死のうとしたことがない人には味わえない。死ななくてよかったーって思います。私の経験とテクニックを、役立ててくれる人がいればいいですね」

一点の曇りもない笑顔で言ったY子さん。

これが、現代社会を漂流し続けた一人のメンヘラ女性の「上がり」のストーリーである。もちろん、これからもいろいろあるんだろうが、「幸せ」と断言できる彼女の姿が、なんだかとっても眩しかったのだった。

雨宮まみさんの訃報

「こじらせ女子」の赤裸々エピソード

エッセイスト、ライターの雨宮まみさんが、２０１６年11月15日に亡くなった。40歳だった。

私は彼女と一面識もない。ただの一読者である。が、苗字が同じ「雨宮」で同世代（私は彼女より一つ年上）であり、物書きという同業者でもある彼女に、勝手にシンパシーのようなものを感じていた。

読者と言っても、今まで読んだのは『女子をこじらせて』（11年、ポット出版）と『女の子よ銃を取れ』（14年、平凡社）だけだ。しかし、彼女の文章は私に「わかるわかる！」「よくぞ言ってくれた！」と共感の嵐をもたらすものだった。

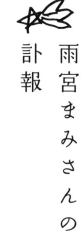

例えば『女の子よ銃を取れ』の巻頭「主役になれない女の子たちへ」で、彼女はテレビ番組『B.C. ビューティー・コロシアム』（フジテレビ系にて放映）について書いている。一般公募者が整形などをして「キレイになる」あの番組だ。

その中で、彼女は変身前の応募者に、司会の和田アキ子さんが「心のあり方」を説くシーンに触れる。「整形しか救いがない」というストーリーを作る一方で、ただの虚栄心で「綺麗になりたい」というのは感心できないというメッセージを発し、「心が素直じゃないと美しくなる資格はない」のダメ押し。そうして彼女は書くのだ。

〈この「美に対する意識」は、なんなのでしょう。ただ単に「美しくなりたい」だけの美の追求は「悪いもの」「虚栄」で、かといって美の追求をしないのは「女として自然ではない」「間違ってる」「努力が足りない」。強烈なダブルバインドです。

この上限も下限も決められた状況で、心から素直に、身の程をわきまえて、欲望で発狂しない程度に、そしてやる気をすべてなくしてしまわない程度に「綺麗になりたい」なんて思える女が、いったいどれだけいるのでしょうか〉

〈こんな見えない上限や下限を、女の欲望を急き立て、制限する壁のようななにかを、マシンガンでぶっ壊せたら、爽快《そうかい》だろうと思いませんか〉

『女の子よ銃を取れ』の表紙には、マシンガンを構えた女の子のイラストが描かれている。

3

「呪い」と闘う女たち

そんな雨宮まみさんはもともとAVライターだったわけだが、なぜ、仕事にするほどAVに深入りしたのかは、彼女の半生を綴り、「こじらせ女子」という言葉を生み出した『女子をこじらせて』に詳しい。

〈それはひとえに私が「女をこじらせ」ていたから、と言えるでしょう。AVに興味を持ったとき、私は自分が「女である」ことに自信がなかったので、AVに出ている女の人たちがまぶしくてまぶしくてたまらなかった。「同じ女」でありながら、かたや世間の男たちに欲情されるアイコンのような存在であるAV女優。かたや処女で、ときたま男に間違えられるような見た目の自分。そのへだたりは堪え難いほどつらいものでした。

私は、女であることに自信はなかったけれど、決して「男になりたい」わけではなかったし、できることなら自分もAV女優みたいにキレイでやらしくて男の心を虜《とりこ》にするような存在になりたかった。当時はAVを観ていると、興奮もしたけれど、ときどきつらくて泣けました。世間では花ざかりっぽい年齢の女子大生なのに、援助交際で稼ぎまくってるコもいるのに、自分は部屋にこもってAV観て一日8回とかオナニーして寝落ちして日が暮れてるんですから、そりゃ泣きますよね。泣くっつーの！〉

『女子をこじらせて』には、このようなこじらせエピソードが赤裸々に綴られている。思春期にスクールカースト低めで過ごし、恋愛などは〈自分には「許されていない」〉と思い込んでいた日々。「やおい」にハマるオタクとして、さらに下がるカースト。そんな彼女が大学生で処女を喪失するまでや、そこからの、恋愛やセックスや欲望や承認、そして仕事と「女であること」の葛藤などなどが怒濤の迫力で綴られている。貪るように『女子をこじらせて』を読んでいる間、私はなんでも話せる親友ができたような気分の中にいた。「わかるわかる！」と盛り上がり、時に泣き笑いしながらお互いの青くて痛い経験を「ネタ」に昇華させつつ、成仏させるためのマシンガントークをしているような。そんな読書経験は初めてで、だからこそ、雨宮まみさんは私の中で特別な書き手だった。

自分の日記を読むような感覚

訃報を聞いてしばらくしてから、彼女の私小説エッセー『東京を生きる』（15年、大和書房）を読んだ。福岡県出身の彼女が18歳で上京し、東京で過ごした年月が、地元で過ごした年月を上回っていく日々を綴ったものだ。18歳で北海道から上京した私も彼女と同じく、36歳で東京生活が地元で暮らした年月を超えた。

「はじめに」の文章は、以下のように始まる。

〈実家のある九州から飛行機で羽田空港に、羽田からリムジンバスで新宿に帰る。／首都高に乗ったリムジンバスから、オレンジ色に光る東京タワーが見える。／毎年、年明けにその光景を見るたびに「今年も帰ってこれた」と思い、ほっとする。／東京は、私にとって「ここでなければならない街」だ。／ここに戻ってこれなければ、私はもう生きることができないのと同じ、戦線を離脱したのと同じだという思いがある〉

地方からなんらかの覚悟を持って上京した人間であれば、この文章に身悶えするほど共感するのではないだろうか。さらに読み進めていくと、彼女が故郷・福岡に複雑な思いを抱えていたことがわかる。

〈絶対に帰るもんかと思った故郷。有名になって、みんなを見返せるようになるまで帰るもんかと思った故郷。そうならなきゃ恥ずかしいんだって、出ていった者の面目がないんだって、思っていた故郷。憎くて、憎くて、大嫌いで、懐かしい、あの、田んぼしかない故郷。白鷺の飛ぶ故郷。野良猫が車に轢《ひ》かれて死んでいる故郷〉

読みながら、「自分の過去の日記が公開されている」錯覚に陥りそうになった。「とにかく何者かにならなくてはいけない」という強迫観念に取り憑かれて、崖っぷちみたいな気持ちで上京してからの10年近い日々のことを、強烈に思い出していた。

生まれ育った北海道が嫌だった。とにかく脱出したかった。いい思い出なんか全然なくて、学校でも、それ以外のコミュニティーでも常にカースト下位で、「自分が受け入れられなかった」という敗北感と、あそこにいたらいつまでも「いじめられキャラ」でいなきゃいけないことが耐えられなくて、逃避のように憧れ続けた東京。だけど、18歳で上京した私はどこにも必要とされなくて、気がつけばフリーターになっていて、いつも貧乏で、それなのに街には欲望を刺激するものばかりが溢れていた。

「持っていないこと」がどこよりも惨めになる東京で、同時期に上京した女の子たちは、気がつけばみんな風俗で働くようになっていた。裸になって性的サービスを売る友人たちはブランド物のバッグを持ち歩くようになり、私は彼女たちと友人でいることをやめた。同じようなものを欲しがり、同じように「消費」しないと友人関係が維持できないことがわかっていたからだ。そうするためには、友人たちが会うたびに勧めるように、自分も風俗で働くしか選択肢はなかった。

たぶん私はその時、自分を守るために「消費」という戦線から離脱したのだ。それからは、東京の街でどれほど物欲を刺激されるような場面に出くわそうとも、あまり欲望を感じなくなった。モノ全体に対して興味がなくなり、服やバッグなどのブランドも「自分には関係ないもの」となった。絶望的にお金がなかった私にとって、選択肢はそれしかなかった。そしてフリーターではなくなり、少しばかり自由に使えるお金が増えても、私に「物欲」が戻ることはなかった。そうして今に至っている。

だけど、雨宮まみさんは違う。

〈心の底から「これが欲しい」と思える服はいつも、簡単に手に入れられる値段ではない。合わせるバッグも、靴もないのに、そんな服を持って試着室に入り、着る。ファーのマフラーを外し、分厚いコートを脱ぎ、セーター、長袖、ウールのスカートを脱いで、真夏の薄い薄い素材のワンピースを着る。／外は雪なのに、着られるのは半年も先なのに、持っているお金を全部差し出して買おうとしている〉
〈命を削って買っている、と思うときがある。／私はフリーで、厚生年金はない。もらえる国民年金の額は、六万円ぐらいだ〉
〈買いものが楽しいかなんて、私にはわからない。／ぎりぎりのギャンブルをしている人のような、勝つか負けるか、そんな気持ちで買っている〉
この本には、7万3000円の服を買った彼女が、その足で「富士そば」を食べる描写がある。めんつゆで汚れた立ち食いそば屋の床に置かれた、7万3000円の服が入った紙袋。そのちぐはぐさが、「東京」を体現している。

会ったこともない「同志」

『東京を生きる』を読んでいると、自分がいかに欲望を「なかったこと」にして生きてきたかがよくわかる。物欲に象徴されるように、いつからか、どんなに望もうとも手に入らないものは「なかったこと」にしてきた。そのほうが心をかき乱されなくて済むから。苦しまなくて済むから。だけど、彼女はいつも都市生活者として正しく欲望している。それが東京に生きる者の資格であるかのように、次々と快楽を渇望している。そんな「東京」で、彼女は「雨宮まみ」としての居場所を得た。戦線から離脱することなく、書き手としての地位を確立した。

本を読みながら、思い出したことがある。

フリーターの頃、北海道に帰省するたびに、東京へ帰る飛行機に乗る直前、お腹が痛くなったこと。新千歳空港までわざわざ送ってくれる母に、いつも空港の薬局で痛み止めの薬を買ってもらい、飲んだ。居場所もなく、取り替え可能な激安労働力としてしか私を必要としない東京。そんな場所に戻ることを、身体が拒否していたのだと思う。

薬を飲む私を見るたびに、「帰ってくればいいのに」と母は言った。だけど私はいつも「絶対帰らない」と首を横に振った。本当は、帰りたかった。「帰ろうかな」という言葉がいつも喉元まで出かかっていた。だけどそれを口にすると泣き出してしまいそうで、そうしたら今まで我慢していたすべてが崩れてしまいそうで、絶対に言えなかった。それほどに、私は「何か」になりたかった。その「欲望」だけは、自分でも手に負えないほどのものだった。そんなことを何度も繰り返して、いつからか、私は東京行きの飛行機に乗る前、腹痛を起こさなくなっていた。腹痛を起こしていたことさえ、『東京を生きる』を読むまで、忘れていた。いつから私は、痛み止めを飲まなくても、東京に「帰れる」ようになったのだろう。

そう思って、気づいた。物書きになって、数年経ってからのことだった。なんとなく、やっていけるかもしれない、と思い始めた頃。そして自分の居場所が、ここに居ていいと思える関係性ができつつあった頃だった。そんなことを思い起こさせてくれる雨宮まみさんの文章は、書き手としての私の背筋を、いつもスッと伸ばしてくれる。

会ったこともない彼女が私の中で「特別」だったのは、なんだか東京でともに闘う「同志」のような気がしていたからだ。そんな人がもうこの世にいなくて、彼女が書いたものがもう読めないと思うと、ただただ、純粋に、悲しい。

だけど、私はこれからも、彼女の残したたくさんの言葉たちに救われることを確信している。

彼女がレズ風俗に行った理由

28歳、性的経験なし

あなたが最後に「抱きしめられた」のはいつだろうか？　相手は誰？　どんなシチュエーションで？　その時あなたは、どう感じた？

突然そんなことを問いたくなったのは、永田カビさんの『さびしすぎてレズ風俗に行きましたレポ』（２０１６年、イースト・プレス）という漫画を読んだからだ。帯には「28歳、性的経験なし。生きづらい人生の転機。」とある。タイトル通り、28歳でキスの経験もないカビさんがレズ風俗に行くレポだ。頭にはハゲ。腕には自傷の痕がびっしり。そんな彼女がレズ風俗に行くまでの葛藤が凄まじい。読んでいて、何度も「わかる」と涙ぐみそうになった。

カビさんの苦しみが始まったのはレズ風俗に行く10年前。大学を半年で退学し、気がつけばうつと摂食障害になっていたという。体重は38キロ。〈自分には物を食べる資格がないと思っていた〉という彼女はその後、拒食から一転、過食へ。「〇〇する資格がない」シリーズは他にもあり、「性的なことを考えてはいけない」とも思っていた。子どもでいたほうが、両親が可愛がってくれると思ったから。

小さな頃から「親の評価」が絶対だったという。自分がどうしたいかより、親のごきげんをとることが優先される日々。しかし、ある日、気づくのだ。

だからこんなに苦しかったのでは？

そう思った彼女は一念発起、「レズビアン　風俗」と検索する。自分の本心が知りたい。自分で自分を大切にしたい。親のごきげんとりから解放されたい。そのためには、「考えること」さえ禁じていた「性的なもの」に体当たりするしかない。

そうして風俗に行くという選択肢を得た翌日、〈世界は広くなっていた〉。親のためでなく、自分のために行動することの充実感を初めて知るのだ。同時に、自分の「見た目」が気になる。それまでは5日くらい平気で入らなかった風呂に毎日入るようになり、服も下着も毎日着替えるようになる。自分のために時間や手間やお金を使うこと、自分をきれいに保つことが「自分を大切にする」ことだと知る。

そうして彼女は、レズ風俗を予約し、当日を迎えるのだ。詳しくは『さびしすぎてレズ風俗に行きましたレポ』を読んでほしいが、まさに「渾身の一冊」だ。漫画でも小説でも、ごくたまに「これを書かないと死ぬ」という著者の怨念のこもった作品と出会う。もしくは「これを書けたら死んでもいい」というほどの。この一冊は、まさにそれに該当する。

漫画を読んで、自分自身のことを思い出した。私自身も、「私には○○する資格がない」と思っていた時期があった。中学時代にいじめに遭い、こてんぱんに自尊心が破壊され、当時は自分は楽しんじゃいけないと思ってたし、一生恋愛なんかしてはいけないのだと思っていた。うっすらとした自己否定感はかなり尾を引き、「ものを食べてはいけない」という変な縛りは20代なかばくらいまで続いていた。もちろん、死なない程度には食事をしていたものの、極力食べないようにしていた。今でもたまに20代前半の頃の友達と会うと、私がほとんどものを食べなかったので摂食障害だと思っていた、と告白される。自覚はなかったが、今思えば、異常なほどに食べることを禁じていた。

そんな状況だったけど、10代後半の頃から「恋愛を自分に禁じる」ことはしなくなっていた。なぜ、「私なんかは恋愛禁止」から解放されたのか、いくら考えてもわからない。本当に、たまたまだったのだと思う。なんとなく友達がいたとか、なんとなく付き合う相手ができたとか。だけどこの漫画を読んで、それなりの自己肯定感や人間に対する信頼がないと、恋愛や性的な行為に不可欠な「心を開く」なんて芸当はそうそうできるものではないのだと、改めて、突きつけられた。いろんな条件や前提が奇跡的に揃って、人は初めて誰かを抱きしめたり、抱きしめられたりできるのだ。

「普通に大人になる」難しさ

それにしても、と思う。

この国では、なんて「普通に大人になる」ことが難しいのだろうと。例えば、カビさんの〈子供でいた方が両親は可愛がってくれると思ったから　大人になってはいけないと思っていた〉という一文。この言葉に、共感できる人は多いのではないだろうか。

一方で、社会も「女の子」の「成熟」に変に敏感だ。年相応に、恋愛や異性や性的なことに興味を持つと「親」や「教師」的な存在からは全否定される。しかし、突然「大人の男」は「お前の性を売れ」という圧力を直接的・間接的にかけてくる。同時に「未熟であれ、成熟などするな」というメッセージも投げかけてくる。自分が成熟したほうがいいのか悪いのか、自分が何かトンデモなく隙だらけだから変なオッサンに声をかけられるのか、心も体もいつも傷ついてちぐはぐで、常に欲望の主体ではなく客体として扱われるので、自分は本当は何がしたいのか、当たり前にある自らの欲望と折り合いがつけられなくなる。そんな無限ループ。そして「女」であることから降りたくなる。

カビさんは、〈自分が女だと認識したくない〉のだと書く。〈やっぱり女の子だね〉〈女になったな〉という言葉を投げかけられたりして、〈「女」であると過剰に定義されるのが怖いというか…〉

その感覚、とてもわかる。だけど、長いこと忘れていた。私はいつどうやって自分の中の「女」と折り合いをつけたのだろう。いや、どうやって日々、折り合いをつけ、いろんな葛藤を「なかったこと」にしているのだろう。

そんなこんなを考えていて、20代前半、キャバクラで働いていた頃のことを思い出した。当時は1990年代後半。世の中はブルセラブームで、客のオッサンは当たり前に「女子高生を買った」話などをキャバ嬢である私にするのだった。なんの悪気もないようだった。「みんなやってるから」と誰もが言った。流行りものみたいな感じで未成年買春をしているのだ。

怖くて仕方なかった。「大人の男」は全員狂っているのだと思った。そんな頃、知人に誘われて北朝鮮に行く機会があった。独裁国家で問題だらけの国で餓死者もたくさん出てたけど、私が北朝鮮で衝撃を受けたのは、「立派で尊敬されているオジサン」がいるという事実だった。軍服に勲章をたくさんつけたその人は、プエブロ号事件で活躍したという軍人だった。プエブロ号事件とは、68年、アメリカ海軍の船が領海侵犯を理由に北朝鮮に拿捕《だほ》された事件。多くのアメリカ人が身柄を拘束されたのだが、その軍人のオジサンはその時、果敢に戦ったというのだ。胸にぴっしりとついている勲章はその活躍による名誉の勲章で、オジサンは、自分がどのようにして戦ったのか、私たちに熱く語ってくれた。話を聞いた時には北朝鮮の若い女の子なんかもいて、みんな「祖国を守ったヒーロー」を、憧れのまなざしで見つめていた。

その時、私は「なんか、いいな」と思ってしまった。尊敬できる大人がいる世界。もちろん北朝鮮はトンデモない国だけど、「大人の男性があれほど尊敬に満ちたまなざしで見つめられる」光景を私は初めて見たのだ。それは日本には、決してない光景だった。そして何よりも「いいな」と思ったのは、その軍人のオジサンは、絶対女子高生とか買わなそうなとこだった。大人が信頼できる世界と、欲望のためならなんだってやらかしてしまう大人しかいない世界。そんな世の中で、うかつに女なんかやってらんないよな。漠然と、思った。そんなこんなの背景があり、当時の私は右翼団体に入っていた。私のいた団体はブルセラブームなどを「堕落の象徴」と批判し、「北朝鮮の軍人」っぽいストイックさがあったのだ。究極的にはもうふりでもなんでもいいから、「信じられる大人」に存在していてほしかった。

この国で、「無防備に女でいる」ことは難しい。だけど心を閉ざしすぎてしまったら、カビさんのような苦しみがあるのも事実だ。彼女はレズ風俗での体験と行くまでの葛藤を通して、自分がどれほど誰かに抱きしめられたかったかを知る。そして、そんな体験を漫画に描き、認められるという行為を通して心が満たされていく。

読みながら、私自身の一冊目の本、『生き地獄天国』（２０００年、太田出版）を書いた時の気持ちを何度も思い出した。これを書けたら死んでもいい、と思っていた一冊。これを書かなきゃ死んでしまう、という覚悟で書いた一冊。ふと夜中、ネットを見ていると、「カビさんの漫画を読んで『生き地獄天国』を思い出した」という書き込みを見つけ、嬉しくなった。

若い「おじいさんとおばあさん」のような関係

夫のちんぽが入らない!?

多くの女性にとってはどうでもいいことだと思うが、男性がやたらと気にしていることがある。それは「性器のサイズ」だ。高校の修学旅行後など、「あいつのはすごい」などと盛り上がっている男子生徒たちの姿に、なぜそんなにこだわるんだろう？　と疑問を持ち続けてきた。

多くの男性にとっては「大きい」ことが「いいこと」であるらしいのだが、果たして本当にそうなのか？　ということを突きつける本が２０１７年１月に出版された。

それは『夫のちんぽが入らない』（扶桑社）。話題の本で、発売から一カ月経った17年2月の時点で発行部数は13万部を超えたという。

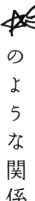

著者は40代の主婦・こだまさん。性行為の際、夫が性器を挿入しようとすると、激痛が走ってどうしても入らない。交際を始めた20年前から何度試してもだ。交際４年で、ベビーオイルを使うと少しは入るということを発見したものの、そうすると自身の陰部が裂けて大流血を伴うほどの惨事になってしまう。試行錯誤を繰り返しても、どうやったって入らない。結婚し、ともに暮らす夫婦でありながら、そしてまわりからは「子どもは産まないの？」などと聞かれながら、入らない。

この本を読むまで、世の中にそのような悩みがある、ということをまったく知らなかった。既婚者の性の悩みとして、主に聞くのは「セックスレス」。数年単位で「ない」という話もザラにある。そんな状態が「別に気にならない」と言う人もいれば、ものすごく悩んでいる人もいる。しかし、こだまさんの場合は物理的に挿入不可能、なのである。交際当初から、「ちんぽが入らない」という事実は、こだまさんを追いつめていた。以下、『夫のちんぽが入らない』からの引用だ。

〈女として生まれ、ベルトコンベヤーに乗せられた私は、最後の最後の検品で「不可」の箱へ弾かれたような思いがした。私はどうなってしまうのだろう。目の前が真っ暗になった〉

しかし、二人は結婚する。夫婦の関係はとても穏やかなものだ。

〈私たちには親しい友人がおらず、のめり込むような趣味もなく、お互いが唯一の友人で、恋人だった。大きな買い物はしない。大きな声を上げない。罵らない。詮索も束縛もしない。休日は昼過ぎに起きて、ふたりで美味しいものを食べに出かけた。長い休みには海外の古城をめぐったり、国内の温泉地を南から順にまわっていったりした〉

こうして読むと、理想的な夫婦である。しかし、〈月に一、二度直面する「ちんぽが入らない」という、その一点だけが私たちの心を曇らせた〉とある。

そんな生活の中、夫がこっそり風俗に行っていることに、こだまさんは気づいてしまう。その時、彼女が思ったのは、ただただ「ずるい」ということだ。

〈夫はちんぽが入らなくても、入るお店に行けばよいのだ。男の人にはそういう道が用意されているのだと今さらながら気が付き、ひとり取り残されたような気持ちになった〉

同時に、〈ちんぽの入らない私が悪いのだ〉〈風俗へ行くことを許さなければいけない〉とも思う。なんという切ない決意だろう。彼女は悪くないのに、いろんな思いを飲み込まなければならない。

『夫のちんぽが入らない』を読み進めていくと、彼女があまりにも我慢強く、そして言いたいことを飲み込んでしまうタイプの人だということがよくわかる。そしてそんな性質は、彼女自身をより追いつめ、「壊して」いく。その引き金となるのは、勤め先の小学校での学級崩壊だ。担任しているクラスがある日突然「崩壊」し、暴言や授業妨害がエスカレートしていく。眠れなくなり、身体が震え、ご飯を食べても吐いてしまう。同じ教師である夫にも、同僚にも相談できない。自殺が頭をかすめる日々。

〈クラスが崩壊している、学校の体制に馴染めない、眠れない、ちんぽが入らないのをずっと気にしている、私は駄目な人間だと思う、本当のことを言うと風俗に行ってほしくない、風俗に行き過ぎだと思う、でもちんぽがまともに入らないのでどうすることもできない、ごはんを簡単に捨てないでほしい。どれひとつとして言うことができなかった〉

そんな彼女はある日、ネットで知り合った男性と会い、誘われるままホテルに行く。すると夫とできない性行為が、まったく問題なくできてしまう。以来、彼女は強迫観念に取り憑かれたように、メールをくれた男性たちと会い、肉体関係を持つ。

なぜ、なんとも思っていない相手とはできるのに、夫とだけ、できないのか。17年3月21日の朝日新聞夕刊に掲載されたインタビュー記事で、こだまさんは〈サイズも理由でしょうが、「好きな人とこんなことをしたくない」と思う私の心の問題もあるかもしれません〉と語っている。ずっと「セックス＝悪」だと思っていたそうだ。

性をめぐるダブルスタンダード

この言葉に触れ、最近、あるネット番組でご一緒したスウェーデン人女性を思い出した。番組のテーマは性教育について。

日本の性教育といえば、こだまさんの言うように、「セックス＝悪」という考えが根底にあったように思う。常に「寝た子を起こすな」とばかりに抽象的で、「性」について考えることそのものが「罰される」ような空気とともにあったこの国の性教育。一方で、世の中には「性」を売り物にした過激な映像などが溢れているのに、子どもがそのようなものを目にすると「そんなもの見て！」と怒られる。卵子と精子が受精するという「授業」と、とてつもなく過激な映像という両極端しかない中で育つこの国の人々の性意識は、かなり歪められているのかもしれない。

スウェーデン人女性から自国の性教育についての話を聞いて、そんなことを思った。かの国では小学生の頃からかなり踏み込んだ性教育があり、中学か高校ではコンドームの使い方まで模型を使って「実践」するそうだ。そんなスウェーデンの小学校でまず教えられるのは、セックスという行為が素晴らしく素敵で美しいコミュニケーションである、ということなのだという。

この部分は、日本の性教育ではすっぽり抜けている。そうして性が隠され、語られず、「性的なことをすると怒られる」空気の中で大人になっていく私たち。私の中にも、こだまさんのようにどこかで「セックス＝悪」という価値観は刷り込まれている。こだまさんはまるで自傷行為のようにネットで知り合った男性と会うことを繰り返すが、「自傷行為のようなセックス」は、10代の頃の自分のまわりにもよくある光景だった。

相手が好きだからとかではなく、自暴自棄の果てに、あえて自分を損じる行為としてのセックス。性的な問題には、自己肯定感や自尊心といった問題が深く関わってくる。教師をはじめとする大人たちは「性行為をするな」という意味で「自分を大切にしろ」と言ったが、私は自分を大切にする方法なんてわからなかったし、そもそもそんなことを言う大人たち自体、私たちを大切にするどころか「お前らには価値なんかない」という扱いしかしていなかったのだからなんの説得力もなかった。

そうしてそんな10代の頃は、知らないオッサンなんかが「お前の性を売れ」と声をかけてくる時期でもある。今が一番高いんだ、売り時なのだ、これからお前の価値は加齢とともに暴落するだけなのだ、ということをあの手この手で畳みかけてくるオッサン。突然、そんな欲望の対象になっていることに戸惑いまくっているのに、同時に親や親戚なんかは、お前の性を安売りするな、とにかくもったいぶって、いい「物件」をゲットしろ、条件のいい男に高く売りつけろ＝安定層と結婚しろ、なんてメッセージを送ってくる。

なんだか自分の性は、いつも誰かに買い叩かれたり値踏みされたりしているようで、自分のものなのに、それを主体的に考えることさえ許されない。その違和感を言葉にもできなくて、ずっと宙ぶらりんな感じ。それがこの国の多くの女性にとっての「自分の性」ではないだろうか。

前述のインタビュー記事の中で、こだまさんは持病の悪化もあり、夫とは〈7年くらい前から一度もありません〉と語っている。が、〈結婚してよかったです〉とも言っている。

〈身体のつながりがなくても一緒にいたい相手であれば、寄り添って生きていてもいいのでは。兄と妹のような、若いおじいさんとおばあさんのような関係で〉

若いおじいさんとおばあさんのような関係。彼女たち夫婦の関係について、「理想」と話す30代の女性がいた。その時はまだ、こだまさんの本を読む前で「なんでだろう?」と思ったけれど、読んだ後、なんとなくその気持ちがわかる自分がいる。

性とは何か、夫婦とは何か、そして生きるとは、老いるとは?

永遠の問いの答えの一つが、この本には描かれている。

セーラー服歌人・鳥居《とりい》との出会い

母の死、施設での暮らし、義務教育からの排除

揃えられ主人の帰り待っている飛び降りたこと知らぬ革靴
孤児たちの墓場近くに建っていた魚のすり身加工工場
けいさつをたたいてたたいほしてもらいろうやの中で生活をする
心とはどこにあるかも知らぬまま名前をもらう「心的外傷」

セーラー服に身を包んだ黒髪のその人は、人形のように可愛らしくて、声は小さくて、言葉づかいが丁寧だった。
彼女の名は鳥居。２０１５年にインタビュー取材した歌人だ。13年、掌編小説『エン

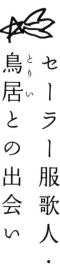

ドレス　シュガーレス　ホーム』で路上文学賞（ホームレスの人たちが書いた文学作品を対象とした賞）を受賞。14年には短歌で中城ふみ子賞の候補に入る。冒頭にあげた四首は、彼女の短歌の中で私が特に好きな作品だ。

鳥居さんの短歌は、彼女の生い立ち抜きには語れない。2歳で両親が離婚。小学5年生の時に母が自殺し、それから児童養護施設で生活してきた。施設内では虐待があり、倉庫に監禁され、食事もロクに与えられず、スープにハエが浮いていることもあった。それを「食べろ」と言われて「嫌だ」と言うと殴られた。遺書を書くことを強要されたこともあれば、当時刺されたという右足には今も傷が残り、麻痺がある。学校にも通わせてもらえなかった。

「でも、形だけ卒業したということで、形式卒業者って言うんですけど、そうなってます。ただ、私は卒業したとされる中学の場所も知らないし、敷地に足を踏み入れたこともない。もちろん、先生にも会ったことはありません」

彼女がセーラー服を着ているのは、自身が排除されてきた義務教育を受け直したいという思いから。また、いじめなどさまざまな理由で学校に通えない子どもたちがいることを、アピールするためでもある。彼女がまがりなりにも義務教育を受けられたのは、小学5年生までだ。

慰めに「勉強など」と人は言うその勉強がしたかったのです

施設には、虐待によって全身が火傷でただれていたり、人身売買の被害に遭った経験があったり、家族がカルト宗教に入っていて人身御供《ひとみごくう》として捧げられそうになったりと、壮絶な過去を持つ子どもたちがいた。関東や中部地方の施設にいたそうだが、施設によっては「他の入所者に自分の出身地を言ってはいけない」などの決まりがあり、それを破ると「反省生活」という罰が与えられた。

「体育館をまず１００周走って、そのあと『お前のせいで体育館が汚れただろう』って一人で床掃除をさせられる。見せしめみたいに廊下に机を出されて、休憩時間なしで、ノンストップで勉強し続けたり。反省生活が２週間だったら、その間は他人と口をきいちゃいけない、という決まりもありました」

そんな施設での生活が、のちに鳥居さんの短歌となる。

先生に蹴り飛ばされて伏す床にトイレスリッパ散らばっていく

全裸にて踊れと囃す先輩に囲まれながら遠く窓見る

15歳で施設を出た彼女は、16歳から一人暮らしを始める。青果店の品出しなど、さまざまな仕事をしてきた。が、そんな生活も長くは続かない。親戚に一人、執拗《しつよう》に彼女に嫌がらせをする男性がおり、30分ごとに「殺すぞ」と脅迫電話をかけてきたり、彼女の家の窓ガラスを割って入ってきたり。完全な犯罪だが、警察は「家族のけんか」と取り合ってくれない。18歳未満だったので児童相談所に相談するものの、「児童相談所は児童が相談に来る場所なんだよ。殺されそうになったら走って逃げればいい」と言われる。

短歌との出会い

命の危険を感じた彼女が逃げ込んだのは、DVシェルターだった。入所者の多くは「ヤクザの奥さんや愛人」。規則は厳しく、大部屋の畳にはダニがわき、そこでぎゅうぎゅう詰めで寝る。入浴は週に三日だけ。彼女以外の入所者の多くは60代で、「舎弟」のような扱いを受ける。そんな環境の中、「静かな場所に一人で行きたい」とたどり着いたのが近くの図書館だった。

「現実逃避というか……図書館の一番奥の、暗くて人気のないところに行ったら『短歌』『俳句』ってあって」

その時、偶然手にとったのが、穂村弘氏の歌集『シンジケート』(1990年、沖積舎)だった。

体温計くわえて窓に額つけ「ゆひら」とさわぐ雪のことかよ

この穂村さんの短歌を読んだ彼女は、「大発見をした気持ち」になったという。「義務教育を受けてないので、短歌をまず知らなかったんですよね。もう宝物を見つけた気持ちになって。みんな、こんなすごいものが世の中にあるの知らないだろうって。すぐに歌集を借りて、ＤＶシェルターの職員さんに『知ってますか？　短歌っていうのがあるんですよ』って言ったら、『ああ昔、国語の授業で習った』って。『でもあまり面白くなかった』って。それで、やっぱり学校ってうらやましいなぁと思いつつ、なんか、短歌の面白さをもっと伝えたいって思うようになりました」

しかし、すぐに短歌を作り始めたわけではない。その後ＤＶシェルターを出た鳥居さんは、里親の家に迎えられることとなった。ずっと「ホーム」がなかった彼女を受け入れてくれた家庭。しかし、里親は「タダで働いてくれる家政婦さん」が欲しかったようだ。彼女が風邪を引いて寝込んだ時、「こんな身体の弱い人だったらいらない」と言われ、追い出されてしまう。そこから彼女は「ホームレス」となった。

「ネットカフェを転々として、でも毎日は泊まれない。部屋を借りようにも、親も保証人もいないので借りるのが難しい。雨が降ってても１００円の傘も買えない。二日に一食、80円で売ってるポテトチップスでしのぐとかで、かなり極貧でした」

なんとか保証人不要の外国人向けアパートに入ることができた時、所持金はほぼ底をついたという。そうして彼女は生まれて初めて、短歌を作り始める。作っている時は「つらい時を思い出して、フラッシュバックみたいになって、飲み込まれそうになる」。しかし、いつしか「感情の波に流されないように構図を決めて、ズームアップさせたりして、冷静にシャッターを切るような感じで」短歌を作る術を身につけていった。彼女の短歌のすごみは、おそらくそこにある。壮絶なことが描かれているのにどこかひどく冷静で、そしてどの短歌も鮮やかに情景が浮かんでくる。

そんな鳥居さんの歌に多く登場するのが母だ。

「私は母親が好きなんですけど、でも、母親から虐待を受けていて、『死ね』とか言われていたんですね。代々、虐待の連鎖の家系で」

両親から虐待を受けていた母は、娘である鳥居さんに、自分がどれほどひどい虐待を受けたかを語っていたという。

「私の大好きなお母さんになんてことするんだって、おじいちゃんやおばあちゃんを恨みました。お母さんは精神を病んで寝たきりの状態で、いつも吐いていたし、薬をたくさん飲んで副作用で大変なことになっていたり」

小学生だったある日、彼女が学校から帰ると、母親は睡眠薬を大量に飲んで倒れていた。どうしていいかわからないまま、彼女は昏睡状態の母と数日を過ごした。ようやく保健室の先生に打ち明けて一緒に帰宅すると、母は亡くなっていたという。

灰色の死体の母の枕にはまだ鮮やかな血の跡がある
「死に至るまでの経緯」を何べんも吐かされていてこころ壊れる
花柄の籐籠いっぱい詰められたカラフルな薬飲みほした母

「絶望の底にとどまっています」

目の前で見た母の死。その後、彼女は友人の自殺も目撃することとなる。彼女が作る歌の中には、「自殺を止めたい」という思いを込めたものもある。

「頑張って生きろとは言わないけど、でも、死なないでほしいなっていうのは、すごく思います」

しかし、壮絶な経験をした彼女は、なぜそのように思えるのか。もし私が彼女と同じ経験をしたとしたら、果たしてそんなふうに思えるだろうか。問うと、彼女は静かに言った。

「いろいろあったんですけど、愛そうと決めたんですね。19歳の時、10代のうちにやり残したことはなんだろうって考えた結果、私は家族が恋しい、家族に愛されたいと思って。どうしたら愛されるんだろうと思ったら、こっちから愛するしかないんじゃないかって。母は死んでましたし、祖母も認知症になってましたけど、でも、愛そうと決めたんです」

一方、「憎しみ」が創作のモチベーションになっている部分もあると言う。

「今まで児童養護施設で虐待に遭ったって言っても、聞いてもらえなかったんです。でも短歌でこういうふうに注目してもらえるようになったら、やっと聞いてくれる人が現れて。今まで、かなり理不尽な目に遭ったので、いい作品を作って認めてもらいたい、相手が認めざるを得ないほどいいものを作ればいいんじゃないかって、憎しみをモチベーションにすることはありますね」

彼女の短歌が初めて評価を受けたのは2012年。全国短歌大会で、彼女の歌は3000首以上の中から穂村弘さん選の佳作に選ばれた。彼女の人生を変えた『シンジケート』の著者である。こんな素敵な偶然があるだろうか。

思い出の家壊される夏の日は時間が止まり何も聞こえぬ

選ばれたのはこの歌だ。現在、鳥居さんの短歌は高い評価を受け、着実に注目を集めつつある。東京新聞・中日新聞の夕刊では、15年4月6日から約1カ月間、「鳥居　セーラー服の歌人」というタイトルで彼女に関するコラム（全21回）が掲載された。

15年7月には、社会学者の上野千鶴子さん主催の研究会で、鳥居さんの短歌朗読会が開催された。この会を企画したのは、「鳥居論」を執筆中の東京大学大学院総合文化研究科の岩川ありささん。冒頭で岩川さんは「鳥居さんは、これから世界に出ていく人です」と紹介した。参加者の中には「鳥居ファン」という親子の姿もあり、鳥居さんに注目する多くのマスコミ関係者もいた。満場の拍手を受けた鳥居さんは、終了後「誕生日も祝ってもらったことないのに、こんなに拍手してもらって泣きそう」と繰り返した。

さまざまな理不尽な経験を、今、鳥居さんは全身全霊で歌に込め、自分と、そして世界と格闘している。彼女の言葉に、多くの人が魅了されている。

毎日死にたいと思っています。
だけど生きています。
大好きなお母さんが自殺した日も
孤児院で「ゴミ以下」と蔑《さげす》まれた日も
生きました。
悲しい気持ちを知っているから

生きることがつらい
他の人の気持ちも
少しは理解できると思います。
私じゃ何もできないかもしれないけど
そばに居て　手を繋ぐくらいなら
できると思います。

（15年4月17日、東京新聞・中日新聞『鳥居　セーラー服の歌人』より）

インタビューの最後、鳥居さんは言った。

「私はずっと友達がいなくて、わかってくれる人も、助けてくれる人もいなかった。でもそういう人は自分以外にもいる。みんなが楽しくやってる時に自分一人だけ寂しいとつらいけど、私みたいに全然助けてもらえない人もいるって知ってほしいなって思います。たまに言うんです。誰も一人にならないように、私は絶望の底にとどまっていますって」

セーラー服の歌人は、今日も生きづらい誰かの傍らに、手をつなぐようにしてそっと寄り添っている。

そうしてこのインタビューから数カ月後、彼女は『キリンの子　鳥居歌集』（16年、KADOKAWA／アスキー・メディアワークス）を出版。歌集としては異例の2万5000部を超す売り上げを誇り、17年には第61回現代歌人協会賞を受賞。

現在、彼女の活躍は多くのメディアに取り上げられ、生きづらい読者の共感を呼んでいる。

4
「女子」という呪いを解く方法

世界の「女子」も呪いと闘っている

韓国でフェミニズムが盛り上がる

「もらったチョコの数で人間の価値を決めるな！」
「カップルは自己批判せよ！」

毎年、バレンタインデーの季節になると「非モテ同志の連帯」を呼びかける「革命的非モテ同盟」が、こんなシュプレヒコールを上げながらデモを繰り広げる。胸のゼッケンには、「セックスなんかいくらやったって無駄だ！」の文字。２０１６年のデモでは、ホワイトデーの「3倍返し」について「利息制限法違反だ！」と訴えるシーンもあったという。また、同年のクリスマス粉砕デモでは「にげ恥はえせ非モテ」「モテに累進課税を」というプラカードも登場した。

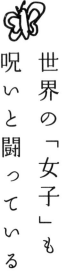

4
「女子」という呪いを解く方法

「モテない」人や「彼氏・彼女のいない」人にはつらいクリスマスやバレンタインデー。堂々と「非モテ」を掲げる彼らは、「恋愛資本主義打倒」「万国のフラレタリアよ、団結せよ！」をスローガンにもう10年ほど活動を続けている。

彼らを見ていて思うのは、これの「女子版」って絶対にできないだろうな、ということだ。いや、多くの非モテ男性だって、デモなんかしていない。革命的非モテ同盟のデモ参加者も毎回数十人だ。が、非モテ男性の中から「非モテ」をネタにしてデモまでしちゃって笑いを取るという一団が出ているのに対し、「女子の非モテ」は、なんというか、シャレにならない。

今のところ、ネタにして笑いを取ることができるのは一部の「女芸人」だけだろう。それも一歩間違うと、悲愴感極まりない光景が出現してしまう危険性を孕《はら》んでいる。時に「非モテ」をネタにして笑いを取れる男子と、決してそうはできない女子。ここにもまた、非対称性が潜んでいる。

ということで、本章では〈「女子」という呪い〉を解く方法について、考えたい。

これまで、主に日本の女子にかけられた呪いについて書いてきたわけだが、20ページで紹介したナイジェリアの作家・アディーチェさんのスピーチからもわかるように、女子への呪いは万国共通のものでもある。

世界を見渡せば、東南アジア・アフリカの一部などではいまだ「女性器切除」という儀式的行事が残り、命を落とす子どもたちがいる。その一方で、児童婚が残る国・地域もある。最近驚いたのは、サウジアラビアで、「初めて女性に車の運転が認められた」というニュースだった。17年9月、サルマン・ビン・アブドゥルアズィーズ国王が、女性に自動車の運転を許可する勅令を出したのだという。これまで、同国では女性は運転免許証の交付を受けられず、運転が見つかれば逮捕されたり、罰金が課される可能性があったというのだから心の底から驚いた。

さて、ここではそんな海外の女子への呪い事情について触れたいが、最近、刺激を受けている動きがある。

それは「韓国でフェミニズムが盛り上がっている」という事実だ。

韓国。徴兵制がある国。そして男尊女卑とか家父長制的な価値観が、日本より色濃く残っていそうな国。かの国については、私の中にずっとそんなイメージがあった。実際、十数年前に韓国を訪れた日本人女性が飲食店で煙草を吸っていたところ、突然見知らぬ韓国のオジサンにブン殴られたという話を耳にしたこともある。理由は「女のくせに煙草を吸っていたから」――それで普通、殴るか？

そんな韓国でフェミニズムが盛り上がっているということを私に教えてくれたのは、韓国のフェミニズム・アクティビストグループ「ロリータ・パンチ」のキム・ガジャさん。彼女を知ったのは、韓国人の男友達からのメールだった。17年初め、朴槿恵《パククネ》大統領退陣デモが韓国で恐ろしく盛り上がりを見せていた頃、彼からこんなメールが来たのだ。

「朴槿恵退陣デモにロリータ服を着た女の子たちのグループがいて、彼女たちは『ロリータ・パンチ』と名乗っている。その子たちは、ロリータ服を着て社会運動をする日本の雨宮処凛に影響を受けたと言っている」

「なんですと!?」

メールを読んで私は狂喜乱舞した。ここ数年はあまり着ていないが、20代なかばから30代後半まで、私はずっとロリータ、ゴスロリファッションの服を着用し、貧困問題を訴えて「生きさせろ！」とデモなどをしてきた（デモは今もしている）。

そもそも、ロリータやゴスロリの服を着るきっかけには、「セクハラ対策」という側面もあった。私が物書きとしてデビューしたのは25歳の頃。その前は、キャバクラで働いていた。物書きとなり、キャバクラを辞めて思ったのは、「やっと『女』以外の部分で必要とされる！」ということだった。酔っぱらいの相手から解放されたことより、自分が「書き手」として必要とされたことが、何よりも嬉しかった。

これでもう二度と、キャバ嬢の時のように私を「下」に扱い、下品なことを言ったり触ろうとしてきたりする人はいなくなる！

しかし、そんな予想はあっさりと裏切られた。

「先っぽだけ入れさせて」

原稿を依頼してきたある小さな出版社の社長は、打ち合わせで私と会うたびそう言った。つまりヤラせろ、ということである。

なんで？　どうして？　私はこの出版社から著者として仕事を頼まれているはずなのに、なんでそんなことを言われなきゃならないの？

社員たちの前で、まるで挨拶代わりのように「入れさせて」と言われるたびに、恥ずかしくて悔しくて意味がわからなくて屈辱で、いつも泣きたい気持ちになった。

きっと、この人が特別におかしいのだ。

そう思おうとした。しかし、おかしなことは他の仕事先でも起きたのだった。

「仕事の話」と言って呼び出し、仕事の話は全然ナシで延々と酒の相手をさせる人もいれば、やはり「打ち合わせ」と称した食事の席でひたすら口説いてくる人もいた。「仕事に関係するから」という口実でこれまでの恋愛について根掘り葉掘り聞き出してくる人もいれば、嬉々として雑誌などでの「脱ぐ仕事」（ヌード撮影）を持ちかけてくる人もいた。さらに失礼なことには「整形企画」まで持ち込んでくる人もいた。顔だけでなく、身体もである。こちらも当然、脱ぎが前提。「イラクでのAV撮影」という、現地で死刑になってもおかしくないような仕事の依頼もあった。当時の私は20代。「若い女」というだけで、キャバ嬢じゃなくなってもこれほどセクハラが世に蔓延しているという事実に愕然とした。それまで、それなりに高い時給をもらい、店でセクハラに耐えていた私にとって、「時給ももらえないのにセクハラされる」ことは、何よりも許し難いことだった。しかも厄介なことに「客」じゃないから相談できる店もない。キャバクラのように「出禁」にできない上、なんといっても私に「仕事」をくれる相手なのだ。

なんとかセクハラを撃退する術はないものか……。

考えに考え、思いついたのが「絶対にセクハラされないような恰好をしよう！」ということだった。

そうして20代なかば、私は日常的にゴスロリ服やロリータ服を着用することとなる。そうしたら、セクハラどころかナンパもされず、キャッチセールスや宗教の勧誘にも一切遭わなくなった。ゴスロリ、ロリータファッションは絶大な効果を発揮したのである。副作用は「まったくモテなくなる」ということだ。まぁそれまでもまったくモテてなどいなかったのだが、出会う人すべてが私を瞬殺で「不思議ちゃん枠」に入れる日々が続いた。

40代となった今は、たまにしかゴスロリ、ロリータ服を着ないけれど、思えばあれは立派な「武装」だったのだと思う。そう思うと、なんだか少し泣けてくる。

さて、そんなふうにロリータファッションでデモなんかをする私を見て、「素敵」「カッコいい」と追随者が現れてくれるかと思ったら、まったく現れないまま今に至っているのだが、そんな私を韓国で見てくれていたのがロリータ・パンチのキム・ガジャさんなのである。

ちなみに私の本は、今まで3冊ほど韓国で翻訳出版されている。ガジャさんは、それらを読んで影響を受けたというのだ。

ということで、17年夏頃から彼女とメールをやり取りするようになり、9月には彼女と会うべく韓国を訪れた。

韓国で起きたある殺人事件

初めて会ったガジャさんは、韓国のロリータブランド「LIEF」の服に全身を包んだ可愛らしい女性だった。1985年生まれなので、私のちょうど10歳下。ロリータ・パンチのメインメンバーは4人ほどで、ゲストメンバーとして数十人が参加しているという。もちろんみんなロリータ服を着たフェミニスト。

ちなみに、25歳頃からロリータ服を着始めたというガジャさんのロリータへの入り口は、コスプレ。もともと日本のアニメが好きだったと言う。が、最初の頃はロリータが「嫌いだった」そうだ。映画『下妻物語』（ロリータとヤンキー、二人の女子高生による友情物語。原作者は嶽本野《たけもと》ばらさん）のイメージが強く、「軟弱な女性像」に思えたからだ。しかし、ロリータファッションに「好きなものは好き！　誰になんと言われようとも好きな服を着る！」という確固たる意志を感じた彼女は、2010年頃から韓国でもオリジナルブランドが登場し始めたロリータ服に身を包むようになる。その頃、韓国で出版された私の本『怒りのソウル——日本以上の「格差社会」を生きる韓国』を読み、「ロリータファッションで社会を変えようとデモをする姿に憧れを持った」というから照れるではないか。

ガジャさんは現在、研究職の男性と結婚し、二人で暮らしている。ちなみに彼女のパートナーは、私が韓国にいる間、ほとんど毎日車で送迎してくれた優しいイケメンだ。二人の間に子どもはいない。高校卒業後にはアパレルやガールズバーなどで働いてきたガジャさんは、現在はイラストなどを描く仕事をしている。

ガジャさんがフェミニズムに目覚めたのは15年頃。もともと読書が好きで、ジェンダー問題には関心があった。その背景には、韓国社会の息苦しさもあったという。

「韓国は、ミソジニー（女性蔑視・女性嫌悪）で、家父長制で男性優位の社会で、それにはずっと違和感がありました」

そんな違和感の中にいた15年、韓国でフェミニズムが盛り上がるきっかけとなる出来事が起こる。

発端は、韓国で中東呼吸器症候群（MERS《マーズ》）が流行したことだった。その際、感染が疑われたものの、隔離要求を拒否した女性たちがいた。「マーズを広めるな！」と女性たちは激しいバッシングに晒されたのだが、ネット上ではそれが剝き出しのミソジニー的な言説になっていく。

「韓国の女がバカだから、外国でマーズに感染してそれを広めるのだ」というような言いがかり。韓国人女性を全力で貶めるような書き込みに、ネット上で抵抗を始めたのが韓国のフェミニストの女性たちだった。その際になされたのが「ミラーリング」だという。女性がそれまでされてきたことを、そのまま男性にやり返したのだ。

例えば「韓国の女がバカだからマーズにかかる」と言われれば「韓国の男がバカだからマーズにかかる」と返し、職場で女性がされているような「あいつは胸が大きい・小さい」といったセクハラに対しては、「あいつのペニスは大きい・小さい」といったように延々と「女性がされてきたこと」をネット上で男性側にやり返していったのである。この攻防は大きな注目を集め、韓国社会の空気は徐々に変わっていったという。フェミニズムが、市民権を得ていったのだ。

そうした中、人気声優だったある女性は「女の子たちに王子様なんていらない」と書かれたTシャツ姿の写真をSNSにアップした。その姿は女性たちから多くの賛同を得たものの、男性からは批判の声も上がり、結果的には所属事務所に抗議が殺到し、事務所をクビになるという事態にも発展したそうだ。とにかく、この頃から韓国社会は確実に変わっていったという。「声を上げる女」が、無視できない存在になってきたのだ。

そうして16年5月、決定的な事件が起こる。ソウル江南駅近く、カラオケ店が入った建物のトイレで20代の女性が30代の男に殺されたのだ。被害者と加害者はまったく面識がなく、捕まった犯人は「女性たちから無視されるから犯行に及んだ」と供述。犯人は男女共用のトイレで1時間以上身を隠し、殺害対象を待ち構えていた。そうして6人の男性の後に入ってきた女性が、命を奪われたのだ。

「女だから」という理由だけで女性が殺害されたこの事件は「ミソジニー殺人」と呼ばれ、韓国のフェミニズムに一気に火をつけた。

「あの事件は、多くの女性が命の危険に晒されている、尊厳が否定されていることを知らしめるものでした」とガジャさんは振り返る。

そうして韓国の多くの女性たちは、自身を「フェミニスト」と名乗り、声を上げるようになっていく。

そんな16年末、韓国で始まったのは、朴槿恵大統領の退陣を求める巨大デモ。毎週のように数十万人が集まり、最大で170万人が集まった「21世紀最大のデモ」の現場でもフェミニズムは大きなテーマとなり、「フェミゾーン」（性差別ヤジやセクハラに抗議し、また未然に防止するスペース）が出現。そこへ颯爽と登場したのが、ロリータファッションに身を包んだグループ「ロリータ・パンチ」だった。

朴槿恵大統領の政治の私物化に憤った人々が集まる街頭では、権力批判だけでなく、ミソジニー殺人事件をはじめ、韓国の家父長制や男性中心主義社会のあり方などが語られ、フェミニズムは韓国社会にとって「無視できないもの」になっていったという。そんな韓国の最近のフェミニズムが過去のフェミニズムと違う点は、ＬＧＢＴ（レズビアン、ゲイ、バイセクシュアル、トランスジェンダー）など性的少数者の問題を大きく取り上げている点だという。

フェミニズムの盛り上がりは、韓国に行った際にもまざまざと感じた。何しろ韓国で出会った若い世代の人全員が、男女問わず自らを「フェミニストです」と称していたのだ。女性たちが主張し、嫌なことには嫌と言う。男性もフェミニズムに理解を示し、女性とともに声を上げる。若い世代ほどその意識が強く、「フェミニストじゃなきゃカッコ悪い」という空気さえ感じた。

その背景には、１９９０年代末から続く経済の停滞もあるようだ。日本より急激に格差社会化が進み、非正規化も深刻な韓国の若い世代は、今や「七放世代」と呼ばれている。７つのものを手放す世代という意味だが、それは恋愛、結婚、出産、マイホーム、人間関係、夢、就職。ガジャさんは言う。

「韓国ではこれまで、男女の仕事というのは明確に区分されてきました。でも、景気が悪化して、女性が今までのような専業主婦になれなくなり、働くようになった。それによって男女が平等になったわけではなく、ただ女性の負担が増えたんです。主婦として家事もこなし、母親として育児もして、さらに仕事もする。その上で夫からも愛される。そんなスーパーウーマンになることが、今、韓国では女性に要求されている。そういう中で、フェミニズムへの賛同の声が上がってきたんだと思います」

不況が続く中で専業主婦は減り、「女性の社会進出」という美名のもと、増えたのは女性の負担だけ。このあたり、既視感を覚える人も多いのではないだろうか。日本でも韓国でも、女性にばかり多くのことが求められている。

ガジャさんは続けた。

「私は彼とはパートナーとして対等な関係でお互いサポートし合う同志のようなものだと思っていて、彼も同じ意見です。でも、私が子どもを産まず、フェミニズムの活動をしていることで『悪い嫁』と言う人もいる。昔ながらの嫁ではないから、彼の邪魔をしている、離婚しろと言う人もいる」

ああ、やっぱりこの辺も日本と同じだ……。

闘うロリータは国を変えるか？

韓国滞在中、ガジャさんと一緒に「アジア永久平和デモ」という名のデモに参加した。

ちょうど韓国、日本、中国、香港、台湾、インドネシア、ネパール、シンガポールなどなど東アジアの活動家たちが一堂に会して、10日間ほど交流しまくる「NO LIMITソウル自治区」というイベントが開催されていたのだ。ソウルの街を練り歩くデモで、彼女はハングルで「ロリータ・パンチ」と書かれたピンクと紫の大きな旗を持って、叫んだ。

「家父長制破壊！」

「女の身体は女のもの！」

そうして、続けた。

「闘うロリータは勝つ！」

「国を変えるロリータ！」

ロリータのドレス姿でそう叫ぶ姿に、心の底からシビレた。

考えてみれば、ロリータやゴスロリって、「ステレオタイプな女性像の否定」に他ならない。ガジャさんも、ロリータファッションを「性愛の対象であることへの拒否と、自分のなりたいものになる自由」と評していた。もともとロリータやゴスロリって、フェミニズムとの親和性が高いはずなのだ。

が、日本のロリータはどこまでも「脱政治」。醜く汚い世界から逃避するための武装装置でしかないように思える。

しかし、思えば日本でも、そんなロリータちゃんたちが立ち上がった瞬間はあったのだ。10年ほど前、「ＢＡＢＹ」の愛称で知られるロリータ・ファッションブランド「BABY, THE STARS SHINE BRIGHT」でショップ店員の不当解雇があった時のこと。不当解雇に怒ったロリータちゃんたちは立ち上がり、労働運動に参加した。ロリータ姿でデモをし、労働組合に入り、声を上げたのだ。

私が日本で「闘うロリータ」を見たのは、後にも先にもその一度だけ。が、嬉しかったのは、ロリータ・パンチのメンバーはその労働争議をよく知っていて、「ロリータの夢を壊すＢＡＢＹの不当解雇は許せない！」と今も怒っていること。それだけでなく、韓国のロリータちゃんたちの間では「ＢＡＢＹの服を着ない」という運動が続いているのだという。日本も韓国も、労働環境が劣悪であることは共通している。だからこそ、ロリータブランドでの不当解雇は許せない。ガジャさんはそう語った。

韓国では、ガジャさんの友人にもたくさん会った。みんながロリータ服に身を包み、そして全員が「フェミニスト」だと自己紹介した。セクハラは嫌。嫌なことには嫌と言う。自分たちが、男性優位の韓国社会を変えていく。みんながそんな自信と誇りに満ちていて、その姿はひたすら眩しかった。

滞在中に出会った日本人男性も、「今、韓国で一番元気なのがフェミニズム」と語った。韓国の大学で教鞭をとっているという彼は、特に大学生に熱烈なフェミニズムへの支持を感じるという。

「今、世界中でフェミニズムが盛り上がっている中、無風なのは日本だけですよ」

彼の言葉に、頷くことしかできないのが悔しかった。

世界に広がる「#MeToo」のうねり

確かに今、世界中で女性たちが声を上げ始めている。

特に書いておきたいのが、2017年から始まった、セクハラに「NO」を突きつける「#MeToo」の動きだ。

発端は10月初め、ハリウッドの大物映画プロデューサー、ハーヴェイ・ワインスタイン氏によるセクハラが告発されたことだ。なんと過去30年間にもわたって数々の女性に性的嫌がらせをしてきたといい、その生々しい音声も報じられた。そんな彼に被害を受けたと名だたる女優たちも声を上げ、その中にはアンジェリーナ・ジョリー氏など大物女優も含まれていたのだから騒ぎは大きくなるばかり。17年末までに100人以上が実名で被害を訴えているという。

10月14日には、アカデミー賞を主催する映画芸術科学アカデミーが、ワインスタイン氏を団体から追放すると発表。

〈単に彼のような、仲間たちからの尊敬に値しない人物を追放しただけでなく、我々の業界において、性的暴力や職場でのハラスメントに対し、見て見ぬふりをしたり、恥ずべき共犯行為に及んだりする時代は終わったというメッセージを送った〉（17年10月15日付『ハフポスト』）

映画芸術科学アカデミーは、そうコメントしている。

そうして始まったのが、セクハラ被害に遭った女性たちが「Me Too」と声を上げる動きだ。

きっかけは、アメリカの女優、アリッサ・ミラノ氏が10月15日にツイッターに書き込んだ言葉。

〈セクハラを受けたことのある女性たちが「Me too」と書けば、この問題の大きさをわかってもらえるのではないか〉（17年10月18日付朝日新聞デジタル「セクハラ被害『Ｍｅ Ｔｏｏ』ハリウッドの疑惑契機に」）

この投稿は一気に広がり、なんと２日間で約１４０万回もリツイートされた。

11月には、ノーベル文学賞の関係者にもレイプ疑惑が浮上。スウェーデン文学界の重鎮とされる男性にレイプ疑惑が持ち上がったのだ。スウェーデンの大手紙は、男性からレイプ、暴行されたと主張する18人の訴えを掲載。男性は否定したものの、ノーベル文学賞を選考するスウェーデン・アカデミーは、「一切の関係を断ち切る」と発表した。

そうした動きを受け、12月にアメリカの雑誌『TIME』は、17年の「今年の人」にセクハラを告発した「沈黙を破った人たち」を選んだ。選出理由について同誌は、〈勇気ある個人の行動から始まった〉〈公然の秘密に声を与え、耳打ちから交流サイトに移り、受け入れるべきでないことを受け入れるのをやめさせた〉（17年12月7日付朝日新聞デジタル「『今年の人』にセクハラ告発者ら選ぶ 米タイム誌」）と述べている。

「#MeToo」の動きを受け、日本でも声を上げた人がいる。それは元厚生労働事務次官の村木厚子さん。17年11月に性犯罪被害をテーマにしたシンポジウムで、小学校に上がる前、近所の中学生に身体を触られたこと、そのことを親にも言えなかったことなどを話した。

また12月には作家・ブロガーのはあちゅうさんも「Me Too」と声を上げた。彼女が大手広告代理店・電通で働いていた当時、上司であり、すでに広告業界の著名人だった岸勇希氏に受けていたハラスメントを告発したのだ。

深夜に岸氏の自宅に何度も呼び出され、時に「体も使えないのか？」などと言われ、連絡を絶つと「広告業界では生きていけなくなるぞ」と脅されるなどしていたという。岸氏は証言を受け、「謝罪の気持ちがあります」などとコメントしているが、はあちゅうさんは声を上げた理由を、ニュースサイト『BuzzFeed Japan』にて、以下のように語っている。

〈何の後ろ盾もないフリーランスの私が、こういったことを訴えると、普段お仕事をしている相手にも迷惑をかけてしまうし、まるで復讐をしているみたいで、パブリックな印象も悪くなる。また、私の書いている本やコラムもまっすぐな気持ちで受け止めてもらえなくなる可能性もあるし、最悪、お仕事もなくなるだろうと思って迷いました〉

〈けれど、#metooのハッシュタグを見て、『これは私が受けてきたことと同じだ』と思えるストーリーをいくつも見つけ、みんな同じように苦しんでいて、みんな勇気を出しているのだから、自分が公表することで、今苦しんでいる誰かが『私も公表しよう』と思ってくれるのではないかと思いました〉（17年12月17日付）

実際、はあちゅうさんの勇気ある証言を受け、女性たちが声を上げる動きはさらに広まっている。

さて、ここで書いておきたいのが「#MeToo」という動きが始まる前、17年5月に顔を出し、記者会見で声を上げたジャーナリストの伊藤詩織さんのことである。

元TBSテレビ社員の山口敬之《のりゆき》氏に、意識のない状態でレイプ被害を受けたことを訴える彼女は著書『Black Box ブラックボックス』（17年、文藝春秋）を出版。

この本によると、山口氏と出会った頃、彼女は大学でジャーナリズムと写真を学んでいたという。出会ったのは、詩織さんが当時働いていたニューヨークのピアノバー。そこに客として訪れたのが山口氏だ。かたや20代でこれからジャーナリストを目指すという身。かたやTBSテレビ報道局ワシントン支局長（当時）。もうこれだけで、力関係はあまりにもはっきりしている。思い出すのは、ワインスタイン氏のセクハラ被害に遭った女性の一人が綴った文章だ。

〈私は28歳。生活費をかせぎ、キャリアを築こうとしていた。ハーヴィー・ワインスタインは（当時）64歳。世界的に有名な男であり、私は彼の会社で働いていた。パワーバランスは私が0、ハーヴィー・ワインスタインは10だった〉（17年10月11日付『ハフポスト』）

事件が起きたのは、詩織さんが帰国して、ロイター通信社でインターンとして働いていた15年4月頃。山口氏から「TBSのワシントン支局であれば、いつでもインターンにおいでよ」と言われていたことから、アメリカにいた山口氏が一時帰国する際に会うことになったのだという。そうしてその夜、事件が起こる。二軒目の店でめまいに襲われて意識を失い、気がついたらホテルの一室で裸にされ、上に山口氏がいたのだという。

ちなみに、詩織さんは酔っても記憶を無くしたことはこれまでに一度もないそうだ。この件については、睡眠導入剤などのいわゆる「デートレイプドラッグ」が使われたのでは？　という疑念が当然浮かんでくるが、山口氏は「聞いたことも見たこともない」と完全否定。

そんな山口氏の逮捕は「上からの指示」で見送られたそうで、不起訴処分となっているという不可解さだ。ちなみに山口氏は16年、安倍首相についての『総理』（幻冬舎）という本を出版している。

恐ろしいのは、この手の「意識失った」系の話が決して「珍しいこと」ではないということだ。

私の友人にも、お酒に何かを「盛られ」、急激に意識が混濁した経験を持つ女性がいる。高級クラブで働いていた彼女が、店の客と閉店後に食事に行った時の話だ。お酒がべらぼうに強いのに、急に身体が言うことをきかなくなり、呂律《ろれつ》が回らなくなった彼女は強引にタクシーに乗せられ、ホテルへ連れ込まれる。かろうじて意識があった彼女はトイレにこもって友人たちにＳＯＳメールを送りまくった。ホテルの名前や部屋番号を含めてだ。

結局、間一髪のところで友人たちが部屋に踏み込んでくれて助かったのだが、突然呂律が回らなくなり、身体の自由を奪われた恐怖を今も忘れられないという。その後、相手の男性とは示談が成立したそうだ。

その話を別の友人にしたところ、「でも、水商売の人でしょ？　だったら自衛しなきゃ。仕方ないいんじゃない？」という反応をされて驚いたことがある。

一方で、詩織さんに対しても「職を求めて山口氏と会ったんだから、自分の責任じゃない？」という声もある。

菅官房長官の秘書官で、捜査を中止し、逮捕は必要ないと決めた中村格刑事部長（当時）は、事件について、『週刊新潮』の取材に以下のように述べている。

〈女も就職の世話をしてほしいという思惑があったから飲みに行ったのであって所詮男女の揉め事。彼女は2軒目にも同行しているんだしさ〉（17年5月25日号、「〈あなたのような素敵な女性が半裸で…〉山口敬之が被害女性に宛てたメール　安倍総理ベッタリ記者の準強姦逮捕状」）

職を求めているなら、身体の自由を奪われてレイプされても仕方ない？　そんなことが許されていいはずがない。

その上、当の山口氏は「私を訴えた伊藤詩織さんへ」（月刊『Ｈａｎａｄａ』、17年12月号）と題した文章で、〈私があなたに初めて会った時、あなたはキャバクラ嬢でしたね〉と書いている。ニューヨークのピアノバーでの出会いのことだろう。この言葉に、元キャバクラ嬢の一人として、私は血液が沸騰するほどの怒りを感じる。水商売なら、性暴力の被害に遭っても仕方ない？　キャバクラ嬢には、何をしたっていい？　一体これが「差別」でなくてなんなのか。

詩織さんの本には、ＮＨＫの情報番組『あさイチ』（17年6月21日放送）でなされた、ある調査結果が掲載されている。

それは以下のようなものだ。

「〝性行為の同意があった〟と思われても仕方がないと思うもの」

・二人きりで食事　11%
・二人きりで飲酒　27%
・二人きりで車に乗る　25%
・露出の多い服装　23%
・泥酔している　35%

この結果を、あなたはどう思うだろうか。私はただただ驚愕した。

しかしこの質問には、もっとも重要な「力関係」がすっぽりと抜けている。知人からの性犯罪は多くの場合、力関係がはっきりしてる中で起こる。

友人の場合、客とクラブで働く身。詩織さんの場合、著名な先輩ジャーナリストと若いジャーナリスト。二人きりで飲酒したらOK、というのは、力関係において自分のほうが圧倒的に「上」だと思っている場合だ。相手を「下」だと見なしている場合だけだ。なぜなら、二人きりで、どんなに露出が多い服装で泥酔していても、セクハラ加害者は相手が「女性の上司」「女性の社長」「女性の権力者」であれば、絶対にセクハラなどしないからだ。

セクハラをする卑劣な男性は、性欲にまかせて見境がなくなっているわけではまったくない。冷静に力関係を計算し、支配できる相手かどうかを見極めている。

「こいつにだったら何をしてもいい」

「どうせ自分の力で簡単に黙らせることができる」

「自分に逆らうと仕事がなくなると脅せば泣き寝入りするに決まってる」

そう思っている相手にのみ、性暴力は行使される。ハリウッドのワインスタイン氏と同じ構図だ。相手がキャリアや仕事を求めていることがわかっているからこそ、「この業界で生きていけなくなるぞ」「仕事がなくなるぞ」と脅せる相手だからこそ、暴力は発動する。

さらに書いておきたいのは、詩織さんの被害は、リアルに命に関わるものだということだ。

報道されている通り、彼女は意識を失った後、何度も吐いている。意識がない状態で嘔吐することは、吐瀉物《としゃぶつ》を喉に詰まらせての窒息死に容易につながる。

実際、私の友人、知人の中にも、そのようにして亡くなった人が何人かいる。精神科で処方された薬を飲みすぎたり、お酒と一緒に飲んでしまい、おそらく意識のないまま吐いて窒息死――命を落としてしまったのだ。

山口氏は詩織さんの発言に対してさまざまな反論をしているが、意識がなく何度も吐いている人がいたら、私なら間違いなく救急車を呼ぶ。

必殺！　フェミ返し

17年に始まった「#MeToo」の動きは、世界中の女性を力づけ、そしておそらく少なくない男性たちが「次は自分の番？」と恐れおののいているはずだ。だけど、はあちゅうさんも言うように、多くの女性は、「復讐」したいわけではない。貶めたいわけでもない。詩織さんも、告発の動機としてあるのは、山口氏云々ではなく、「司法がちゃんと機能しているか」だと語っている。

そして今、思うのは、男性も「Me Too」と声を上げてほしいということだ。

高橋まつりさんが自殺に追いつめられた電通では、1991年にも入社2年目の男性社員が自殺している。男性は、長時間労働だけでなく、悪質なハラスメントに日々晒されていた。その中でも私が驚愕したのは、宴席で上司に「革靴に注いだビールを飲まされる」というものだ。飲まなければ、靴の踵で殴られたという。上司は「面白半分に」やっていたと証言している。信じられないほどの幼稚さと、信じられないほどの陰湿さが同居した部下いじめ。

これほどわかりやすい形でなくとも、日本の企業には、体育会系の男社会を地で行く悪質なハラスメントが横行している。

到底飲めない量の酒を飲むことを強要する。上司が帰るまで、時に朝まで酒に付き合わせる。一緒に風俗店に行くことを強制する。

どれもこれも断れば、「それでも男か」なんて言葉が飛んできそうだ。いくらパワハラという言葉が認知されようとも、「上司の誘い」を断ることは難しい。しかも、中にはそれを「楽しめてしまう」人もいる。上司も本気で「相手も喜んでいる」と思い込んでいるケースが多々あるからやっかいだ。

しかし、そんな上司のもとにいる男性からの悲鳴は、たびたび耳にしてきた。酒が弱いから付き合いたくない。身体を壊すから朝まで飲むなんて無理。そして、彼女がいるから風俗店なんて行きたくない。

私が知る男性の中には、「無理やり風俗店に連れていかれる」ことを打ち明け、彼女に去られた人もいる。上司にとっては「楽しいこと」でも、部下にとっては「苦行」でしかないことは多くある。

今、やっと女性たちが「相手は悪気なくやっていただろうけれど、自分は傷ついた」ことに関して声を上げ始めたのだ。そのような告発によって、自分がしていたことが暴力やハラスメントだと気づく男性が現れ、社会の空気は確実に変わっているのだ。

だからこそ、男性たちも続いてほしいと切に思うのである。

と、男性にエールを送ったばかりだが、最後に女子のみなさんへ「呪いを解く」方法について提示したい。

世界中で声を上げる女子がいることはわかったが、声を上げられる女子ばかりではないことも知っている。声を上げられる場合とそうでない場合があることもよくわかる。「ここ声上げていいとこなの?」「勘違い女だって思われない?」と迷う時だってあるだろう。

そんな時に思い出してほしいのは、本書で何度も紹介してきたように、「性別を入れ替えてみる」ということだ。韓国でフェミニストたちがやった「ミラーリング」も同じことである。告発の代わりに、それを口に出せる場合は出してみるといいかもしれない。

例えば、「女なんだから○○できて当然だよね」なんて言い分に、「男だから○○できて当然って言われたら、どう思います?」とさらりと返してみる、といったことだ。

その時、非対称性が明らかになる。

それはきっと、多くの人に新鮮な「気づき」を与えるだろう。

そう、「非対称性」という言葉を知ったことも、私にとっては〈「女子」という呪い〉を解くための大きな手がかりとなった。

そんなふうに性別入れ替えをすることを、私は心の中で「必殺! フェミ返し」と名付けている。ぜひ、使ってみてほしい。

なんだ、みんなおかしいと思ってたんだ

この本は、私にとって初めての「ジェンダー問題を真正面から扱った一冊」となる。

なぜ、これまでそのようなことを正面から書いてこなかったのか。それは、ちょっとでも「これって不平等じゃない?」「男女差別じゃない?」「セクハラでは?」などと書こうものなら、こちらの予想を超える数のバッシングが寄せられてきたからだ。

「他の分野ではいいこと言ってるのに、ジェンダーが絡むと途端にヒステリックになる」「被害者意識バリバリになって残念すぎる」というような批判。「そういうつまらないこと言う女だと思わなかった」などというものもあった。多くは男性からのもので、そのたびに、ジェンダーについて語ることへのハードルは私の中でひっそりと高くなっていった。周囲を見渡しても、「それ系は言わないほうが無難」という空気は濃厚に漂っていた。わざわざ先回りして「私、女の味方じゃないんで」と口にする女性論客もいたし、誰かに「フェミニスト」と名指しされると、「自分はフェミニストではない」と否定する女性も少なくない。よくわからないけれど、ジェンダーをめぐるもろもろには「地雷」が多く存在するのだ――。

いつからか、そんなふうに思い込んでいた。だけど、そう思わされていたことそのものが、

紛れもなく「呪い」なのだ。

本書は、情報・知識&オピニオン「イミダス」で2012年5月から始まった連載エッセー『生きづらい女子たちへ』の原稿を厳選し、大幅に書き下ろしを加えたものである。この連載を通して、私はジェンダー諸々に関する「思考停止」をやめてみた。一旦やめてみたら、世の中は大いなる矛盾と男に都合のいい戯言に満ちていることに気づいた。そうして「おかしい」と思ったことを、片っ端から書いていった。スッキリした。

連載を通して、多くの女性から「よく言ってくれた」という言葉をもらうようになった。また男性の中にも、日本という「オッサン天国」に違和感を覚えている人が多く存在することも知った。なんだ、みんなおかしいと思ってたんだ。読者から寄せられる言葉に勇気をもらい、そうしてこの本をまとめる作業をしている最中、「#MeToo」の動きが始まった。

海外で、日本で多くの人が声を上げ、メディアやネットでもさまざまな人が「#MeToo」について議論している。「変わらない」と諦めていたことが変わり始める予感もある一方で、この先にあるだろう「揺り戻し」が怖い自分もいる。だけど、一旦始まった動きを止めることはできない。時計の針を戻すことで得をするのは、決して私たちではない。

この本が、あなたの違和感をほんの少しでも言語化できていたら、これほど嬉しいことはない。一人でも多くの女子が、「呪い」から解放されることを祈りつつ。

2018年2月

雨宮処凛

雨宮処凛　Amamiya Karin

1975年、北海道生まれ。作家、活動家。バンギャル、右翼活動家を経て、2000年に自伝的エッセー『生き地獄天国』でデビュー。自身の経験から、若者の生きづらさについて著作を発表する傍ら、イラクや北朝鮮へ渡航を重ねる。その後、格差や貧困問題について取材、執筆、運動を続ける。『生きさせろ！ 難民化する若者たち』はJCJ賞受賞。反貧困ネットワーク世話人。著書に『一億総貧困時代』など多数。

「女子《じょし》」という呪《のろ》い

2018年4月10日　第1刷発行

著　者　雨宮処凛《あまみやかりん》

発行者　日野義則

発行所　株式会社 集英社クリエイティブ
〒101-0051 東京都千代田区神田神保町2-23-1
電話 03-3239-3813

発売所　株式会社 集英社
〒101-8050 東京都千代田区一ツ橋2-5-10
電話 03-3230-6393（販売部・書店専用）
03-3230-6080（読者係）

印刷所　凸版印刷株式会社

製本所　株式会社ブックアート

ISBN978-4-420-31080-2 C0095